Sobre el autor

Albert Casasayas,
cosecha del 76 (aroma terroso),
psiconauta aficionado,
curioso impertinente,
maestrillo sin librillo,
tocat del bolet o tocado por la seta
(según se mire)
es oriundo de Barcelona.

Se doctoró en literatura comparada
hace cierto tiempo
por una universidad de cierto renombre.

Vive y ejerce como profesor
en el valle de Santa Clara,
más conocido como Silicon Valley.

Trata de pasar lo poco que sabe
lo más honestamente que puede.

Luces y sombras
del renacimiento
psicodélico

Albert Casasayas

Prólogo de Juan Carlos Usó

EDICIONES EXPANSIVAS

© 2023 Albert Casasayas

Primera edición digital
Ulises Ediciones Expansivas
Mayo 2023

Edición en papel USA
Ulises Ediciones Expansivas
Octubre 2023

Fotografías
Archivo Ulises

Diseño gráfico y maquetación
de la casa

ISBN
979-8-218-30822-3

Ulises Ediciones Expansivas
www.ulises.online
ediciones@ulises.online

A Ana Luengo, que también ha visto cosas

ÍNDICE

Prólogo.. 9

1. Introducción
Algunas consecuencias del prohibicionismo.
Los psicodélicos: la renovada popularidad de una clase particular.
(pero no excepcional) de drogas.. 15

2. Acercarse al mundillo psicodélico. Una perspectiva personal........... 23

3. La práctica psicodélica: "Set and setting" o "intención y contexto"
"Set" o preparación / intención.
"Setting" o contexto ambiental.
Dosis.
Marco cultural.
Integración.. 29

4. Mi "annus mirabilis"
El pasmo lúcido.
Drogas "blandas" y legales: algunos matices.
Efectos.
No todo es maravilloso... 43

5. Tópicos contra las drogas visionarias
"Son peligrosas".
"Son adictivas".
"Conducen a un estado anormal" o "No eres tú mismo".
"Son factores de desestructuración social".
"Favorecen la evasión".
"Son sustancias peligrosas en manos de proveedores
irresponsables o maliciosos".
"¿Y qué hay de las contraindicaciones? "¿Y los malos viajes?".
"Sus usuarios son elitistas"... 59

6. Tres corrientes del pensamiento psicodélico........................... 71

7. Corriente farmacológica: el cielo en pastillas
Razones para la cautela.
Choque de paradigmas.
¿Medicinas para un sistema enfermo? El capitalismo psicodélico............... 75

8. Transciéndeme otra vez: Espiritualidad enteogénica
Turistas espirituales y el complejo chamánico.
Iglesias enteogénicas.
Abusos... 91

9. Enfoque lúdico o recreativo: Jugar es un asunto serio
Excurso: Reducción de daños.
La colonialidad del flipe.. 103

10. Algunos pasos para el futuro... 119

11. Despedida.. 125

Sugerencias de lectura... 127

Apéndice A: Terminología... 129

Apéndice B: Una tradición nacional.. 133

Prólogo

Obviando cualquier veleidad revisionista y, por consiguiente, aquellos aspectos o elementos formales que estaban sometidos a una fuerte banalización por imperativos de la mercadotecnia, a finales de la pasada centuria no pocos psiconautas andábamos preguntándonos si en efecto estábamos asistiendo a un resurgimiento de la cultura psiquedélica o si, por el contrario, todo quedaría reducido a una de esas fiebres románticas, más o menos recurrentes, que suelen estremecer al Establishment y que terminan por confirmar la cantidad y resistencia de los anticuerpos con que cuenta la sociedad occidental para superar estas crisis de marcado signo irracional que suelen aflorar con carácter cíclico.

Inevitablemente la cuestión suscitó comparaciones entre la explosión psiquedélica registrada durante la segunda mitad de los años 60 y principios de los 70 y aquella especie de reverdecimiento actualizado de los viejos ideales expansivos, que, al menos en España, y después del purgatorio —más mediático que real— de los 80, empezó a ser fácilmente perceptible desde los años 90.

Quizá la idea imperante en aquellos momentos era que la cultura psiquedélica surgida hacia mediados de los 60 había revestido un carácter más genuino y que el clima de reviviscencia psiquedélica al que estábamos asistiendo en los 90 sólo constituía "una recuperación paródica basada en un simple y calculado turno rotatorio" —en palabras de la periodista María Escribano[1]— dentro ese proceso de autointerrogación seguido por la cultura occidental durante todo el siglo XX.

A finales de ese siglo tan convulso, el escritor francés Roger Garaudy, parafraseando a su compatriota, el también escritor André Malraux, dijo: "el siglo XXI será espiritual, o no será"[2]. Por ese mismo motivo, alguien también podría haber dicho que el siglo XXI sería psiquedélico... o no sería.

Ahora llevamos ya recorrido casi un cuarto de este siglo XXI y todavía no sabemos si será espiritual o no, pero de lo que nadie tiene ya la menor duda es que está siendo tan psiquedélico que alguien tan versado en esta materia como el psicólogo y farmacólogo José Carlos Bouso ha llegado a cuestionarse si acaso no nos dirigimos hacia una "sociedad psiquedelizada"[3].

En efecto, fue el periodista estadounidense Steven Kotler quien en 2010 acuñó la expresión renacimiento psiquedélico para describir el renovado interés por los estados de consciencia expandida que se ha producido durante los últimos tiempos y abordar la revaluación del papel de las drogas psiquedélicas en la sociedad y en particular en el terreno de la psiquiatría[4]. La expresión quedaría consolidada definitivamente apenas dos años más tarde, cuando Ben Sessa, investigador y psiquiatra británico con amplia experiencia como psicoterapeuta en el empleo de MDMA, psilocibina y cannabis, publicó un libro bajo el mismo título[5]. Desde entonces el tan cacareado renacimiento psiquedélico anda en boca de propios y extraños, sin que nadie nos haya aclarado cuándo murió la psiquedelia para tener que renacer después.

No hace mucho, en un artículo muy esclarecedor, el psicofarmacólogo e investigador clínico Antón Gómez-Escolar hacía balance de la situación actual: "Celebrities haciendo retiros de ayahuasca, microdosis de LSD para mejorar la productividad en las startups de Silicon Valley, MDMA para curar traumas a un paso de ser legal, ketamina administrada en carísimas clínicas de salud mental, personas que hablan de las maravillas de las setas mágicas para curar depresiones o dejar el tabaco, universidades de prestigio creando centros de investigación psicodélica, empresas «psicodélicas» cotizando en Wall Street y recibiendo miles de millones de dólares de inversión, estados de EEUU descriminalizando o incluso legalizando psicodélicos, libros best seller, podcasts con millones de oyentes, series de Netflix y muchos artículos en todo tipo de medios"[6].

Todavía más recientemente, la periodista, escritora y gestora cultural Silvia Grijalba ha elevado también su voz crítica al respecto, preguntándose "si realmente tiene sentido que algo contracultural, dedicado al auto-conocimiento, termine cotizando en bolsa y formando parte de la sociedad de consumo"[7].

Dicho esto, no está de más preguntarse en qué consiste exactamente el tan aclamado renacimiento psiquedélico, dónde hunde sus raíces y qué rumbo puede tomar. Eso mismo es lo que ha llevado a Albert Casasayas a escribir este impecable ensayo crítico sobre el tema, que desde Ulises Ediciones Expansivas nos place y nos honra presentar.

La naturaleza farmacológica de las sustancias, la intención y el contexto de la experiencia psiquedélica, la dosificación, el marco cultural, la integración, los efectos, los tópicos contrarios a la experiencia psiquedélica, las distintas corrientes del pensamiento psiquedélico, el denominado capitalismo psiquedélico, la espiritualidad enteo-génica, los abusos, el enfoque lúdico o recreativo, la reducción de daños, etcétera, nada escapa a la curiosidad y la inteligencia de este Licenciado en Humanidades por la Universitat Pompeu Fabra (1999) y doctor en Literatura comparada por la Universidad de Harvard (2007), que se ha desempeñado como profesor de español y estudios latinoamericanos en la Universidad Estatal de California en San Marcos y en la Universidad de Santa Clara, también en California.

Quizá algunas personas se pregunten qué pinta un profesor de Literatura comparada escribiendo acerca de los claroscuros que perfilan el nuevo impulso que ha tomado la psiquedelia. Desde luego, el suyo es más un proyecto personal que académico. Pero más allá del entusiasmo que desarrollan los neoconversos, Albert Casasayas conoce a fondo el tema que trata, y conocer la experiencia psiquedélica de primera mano no le ha restado lucidez ni le ha impedido —sino todo lo contrario— perseguir la sabiduría que impregna su ensayo. Y si alguien alberga alguna duda al respecto no tiene más que seguir leyendo, y no tardará en convencerse de que se halla ante uno de los mejores textos —si no el mejor— que se han escrito acerca del redescubrimiento de la psiquedelia en el que —queramos o no— nos hallamos inmersos.

Juan Carlos Usó

Notas

1. ESCRIBANO, María: "Cambio, moda y psicodelia", Letra Internacional, nº 29, julio de 1993, pp. 57-70.

2. BONO, Ferran: "El filósofo Roger Garaudy afirma en Valencia que «el siglo XXI será espiritual o no será»", El País, 4 de diciembre de 1998, en https://elpais.com/diario/1998/12/04/cvalenciana/912802700_850215.html

3. BOUSO, José Carlos: "¿Hacia una sociedad psiquedelizada?", Ulises (Revista de viajes interiores), nº 19, 2017, pp. 36-47.

4. KOTLER, Steven: "The New Psychedelic Renaissance", Playboy, march [or april] 2010, pp. 51-52.

5. SESSA, Ben: The Psychedelic Renaissance. Reevaluating the Role of Psychedelic Drugs in 21st Century Psychiatry and Society, London, Muswell Hill Press, 2012. En 2017 se publicó una segunda edición de este libro.

6. GÓMEZ-ESCOLAR, Antón: "El renacimiento psicodélico: ¿qué es, de dónde viene y hacia dónde va?", 1 de junio de 2021, en https://energycontrol.org/el-renacimiento-psicodelico-que-es-de-donde-viene-y-a-donde-ira/

7. GRIJALBA, Silvia: "El viaje virtuoso hacia el capitalismo psicodélico", Público, 8 de agosto de 2022, en https://blogs.publico.es/otrasmiradas/62702/el-viaje-virtuoso-hacia-el-capitalismo-psicodelico/

Luces y sombras del renacimiento psicodélico

1
Introducción

Una de las pocas características que, sin temor a generalizar, se pueden considerar comunes en todas las culturas humanas es la búsqueda de estados alterados de conciencia, sea a través del baile y el canto, exaltación colectiva en eventos deportivos, musicales y religiosos, diversas prácticas ritualizadas de oración, meditación, misticismo o disciplina física. También, por supuesto, se obtiene esta alteración a través del alcohol y una variopinta panoplia de sustancias psicoactivas presentes en plantas, hongos y algunos animales. No pocas veces esta búsqueda se da a través de una mezcla de técnicas. Existen, asimismo, cómo no, numerosos tabúes o prescripciones cuidadosas que prohíben, limitan y regulan las formas y condiciones de uso de estas prácticas.

Este ensayo trata sobre una clase particular de sustancias, las llamadas drogas psicodélicas o enteogénicas, que aquí llamaré drogas visionarias[1]. Particularmente, deseo ofrecer una perspectiva personal acerca del llamado "renacimiento psicodélico" que se ha manifestado en dos frentes. Por un lado, un resurgimiento de la investigación institucional en la psicoterapia y farmacología de algunas sustancias llamadas "alucinógenas" como la psilocibina, el LSD o el DMT, disociativas, como la ketamina, o empatógenas como el MDMA. Por otro, la proliferación de su uso con fines de sanación psicológica o exploración o crecimiento espiritual

---

1. Para una discusión un poco más amplia de términos como "psicodélico", "enteógeno" o "empatógeno", véase el apéndice al final.

por mediación de terapeutas más o menos clandestinos, neochamanes o practicantes de medicinas tradicionales. El primero ha gozado de representaciones positivas en los medios que el segundo, que sin embargo goza de algo más de popularidad por su relativamente mayor facilidad de acceso.

Mis credenciales acerca de este tema se limitan a una curiosidad ávida y algo de experiencia personal. Algo nada más: cuando escribo estas líneas no hace ni un año que me inicié en estas sustancias. No parece mucho, pero me guío por la aseveración de Don Lattin, uno de los periodistas decanos en la materia, quien declara que es imposible hablar de psicodélicos con rigor sin ser profundamente subjetivo (*La nueva medicina psicodélica*). Deseo dirigirme a un público español o hispanoparlante, poco o nada versado en la materia, aunque tengo la certeza de dirigirme a muchos usuarios de drogas.

Porque tienes que saber que, si usas alcohol o cafeína, tú también te drogas.

Esta afirmación acaso te ofenda, pero el hecho es que estás consumiendo psicoactivos con potencial adictivo cuyo uso inmoderado puede ser extremadamente dañino. Estas sustancias no se consideran "drogas" en el sentido social del término, es decir, sustancias sujetas a prohibición o severas restricciones legales y cuyo consumo acarrea una serie de connotaciones morales negativas. Pero la verdad es que lo que se considera "droga" no solo es culturalmente relativo (el Islam prohíbe el alcohol, la iglesia mormona el alcohol y la cafeína, mientras que la mayoría de países occidentales continúan prohibiendo los cannabinoides) sino también históricamente contingente.

Algunas consecuencias del prohibicionismo

Reflexionar sobre la popularización del uso de psicodélicos requiere detenerse al menos brevemente sobre la prohibición de un amplio espectro de psicoactivos más allá de esta clase específica. Para una lectura en profundidad, es imprescindible *La solución* de Araceli Manjón-Cabeza, que despedaza con elocuencia los males de la política antidroga. Citaré sus dos argumentos fundamentales: "la criminalización multiplica los males

Introducción

de la droga, pero no acaba con su consumo" (pág. 24), además de que le regala un pingüe negocio al crimen organizado: "demanda garantizada, producción barata y precio alto" (pág. 228).

La prohibición genera una serie de dramáticas complicaciones, empezando por un mercado negro con precios elevados que incentiva la criminalidad y la adulteración de las sustancias. La ilegalidad implica asimismo desinformación, que conduce al uso indebido y facilita el abuso. La marginalidad social y legal contribuyen además a aumentar los efectos nocivos del mal uso y la adicción. Un consumidor compra sustancias a proveedores sin licencia y debe elegir él mismo la dosis, a veces sin conocer la cantidad de principio activo y con frecuencia recibiendo "gato por liebre", o sea, una sustancia por otra, lo cual con no poca frecuencia acarrea consecuencias trágicas[2]. La existencia de un aparato represivo se traduce en barreras a la información, prevención y tratamiento médico adecuados hasta que no se ha llegado a situaciones ya críticas y difícilmente remediables.

Además de desequilibrios sociales y violencias institucionales que generalmente recaen con más fuerza sobre capas socioeconómicas desaventajadas o grupos marginales, la prohibición conlleva una opresión neocolonialista en su aplicación global. La gran mayoría de las restricciones globales contra el cultivo, procesamiento y comercio de psicoactivos se deben a la deplorable Convención de Estupefacientes de las Naciones Unidas. Se trata de una serie de documentos emitidos entre 1961 y 1988 (https://www.unodc.org/unodc/en/commissions/CND/conventions.html) con escaso fundamento médico y una fuerte presión de Estados Unidos, un país que a su vez modeló su política antidrogas con criterios ferozmente racistas y represivos[3].

---

2. En la actualidad, por ejemplo, el mercado de opioides está viviendo una epidemia de contaminación con fentanilo, un opioide sintético de alta potencia. Esto es consecuencia de lo que se conoce como "ley de hierro de la prohibición" (https://en.wikipedia.org/wiki/Iron_law_of_prohibition): a mayor persecución, mayor incentivo para producir y mercadear producto de mayor potencia para facilitar la circulación y maximizar beneficios.

3. Una lectura de Carl Hart (*Drug Use for Grown-Ups*) y muchas otras fuentes bien documentadas da cuenta de cómo a partir de los años 30 se inicia una campaña de desprestigio contra ciertas

Sea por las imposiciones de la Convención de la ONU, o por las condiciones incorporadas por países ricos como Estados Unidos a través de alianzas militares y tratados comerciales, la carga y la responsabilidad mayores caen sobre países productores en los márgenes del sistema económico global, que deben lidiar con el surgimiento de organizaciones criminales al calor del prohibicionismo. Por su posición económica desaventajada, estos países sufren injerencias de todo tipo en nombre de la "Guerra contra la Droga": sanciones comerciales, exclusión de programas de ayuda, intervenciones electorales, o planes de ayuda militarizados, como el Plan Colombia (https://es.wikipedia.org/wiki/Plan_Colombia) o la Iniciativa Mérida (https://es.wikipedia.org/wiki/Iniciativa_M%C3%A9rida), que han contribuido al aumento de la violencia, la degradación medioambiental, desplazamientos internos y, cómo no, una extensión de monocultivos que sólo favorece al gran agronegocio.

Por mi parte, entiendo que la prohibición es una inmoralidad clasista, racista e imperialista, combustible de crimen, terrorismo de estado y degradación social, sanitaria y ecológica en todo el mundo. No necesito que mi lector o lectora comparta mi celo, pero creo que no va a comprender mucho de lo que sigue si no entiende que continuar esta "guerra" de la forma en que se viene haciendo en las últimas décadas es, siendo generosos, inútil, caro y contraproducente.

Los psicodélicos:
la renovada popularidad de una clase particular
(pero no excepcional) de drogas

Aunque, por lo general, las drogas psicodélicas o visionarias tienen, en comparación con otras clases de sustancias, un bajo potencial adictivo[4] y

---

sustancias, asociándolas a "razas inferiores" (la cocaína a los negros, el opio a los asiáticos orientales, y la marihuana a los mexicanos). La aplicación de las políticas antidroga ha tendido a ser extremadamente parcial, con una represión enfocada en minorías étnicas y/o clases socioeconómicas bajas (caso paradigmático de los roma o pueblo gitano en España).

4. Nótese que estoy hablando de potencial. Un sujeto humano puede volverse adicto a numerosas sustancias, incluyendo las que genera el propio cerebro a consecuencia de ciertos comportamientos o la exposición a ciertos estímulos. Sustancias como la psilocibina, de la que hablaré con frecuencia

no suelen ir asociadas a problemas de salud o conflictividad social, estas sustancias y sus usuarios también están afectados por la prohibición y expuestos a los prejuicios sociales que esta conlleva.

Debo dejar claro que mi intención aquí no es distinguir entre sustancias "buenas" o "malas" en función de su potencial adictivo ni ningún otro criterio. Parto del principio, ya conocido en la Antigüedad, de que la condición venenosa radica más en la dosificación equivocada y el mal uso, más que en la sustancia como tal. También de que lo que puede constituir medicina para unas personas puede ser veneno para otras. Esta ambigüedad fundamental ya se encontraba en el término griego *pharmakon*, que significa ambas cosas. El uso social del español distingue arbitrariamente entre "medicamentos" y "drogas", ello deja en el limbo clasificatorio productos de amplio uso social como las bebidas con cafeína, o alcohol y el tabaco, igual que sucede con el inglés *drugs*, que, en cambio, sí engloba tanto sustancias legales como ilegales.

Yo, individualmente, puedo tener mis preferencias y prejuicios, pero no creo que sean extrapolables al conjunto de la población. Que la marihuana haya tenido para mí efectos bastante nefastos no niega que tenga propiedades beneficiosas para mucha gente y no excusa para nada que yo jalee prohibición de ningún tipo. Me parece necesario plantear esto porque existe entre numerosos usuarios de psicodélicos una suerte de "excepcionalismo" que comienza por evitar el uso de palabras socialmente connotadas como "droga" y muestra una santa indignación ante el uso de terminología como "tripi" o "viaje". Algunos prefieren hablar de "medicina" o "plantas medicinales". En algunos casos que me parecen algo ridículos y en ocasiones deshonestos, hay quien habla de "moléculas" o "plantas de poder".

Es verdad que, entre muchos, si no la mayoría de usuarios de psicodélicos, la búsqueda de la sanación de traumas, el afrontar vacíos existenciales, el autodescubrimiento y la mejoras personales, por no hablar de la más

<hr />

aquí, tienen un potencial adictivo muy bajo comparadas con la cafeína o el alcohol, y todavía más bajo comparadas con la heroína, la cocaína o el tabaco. Eso no significa que sea imposible. Pero desde mi perspectiva de lego estaría dispuesto a apostar que hay muchísimos más adictos a "likes" en redes sociales que a todas las sustancias psicodélicas del planeta hoy en día.

vaga, pero igualmente válida "expansión de la conciencia", suelen ser objetivos fundamentales. Pero es igualmente cierto que ocultar bajo el pudoroso velo de la práctica medicinal o religiosa la realidad de que son sustancias psicoactivas, como tantas otras drogas, tiene algo de hipócrita en un contexto legal en que la persecución se ceba sobre todo en las clases socioeconómicas bajas o en las personas no blancas[5]. Creo que las promesas de sanación, contacto con lo divino, o expansión de conciencia que ofrecen los psicodélicos nunca tendrán lugar de una manera plena y accesible si no vienen acompañadas de un cambio de conciencia más general sobre los bienes y males del uso de drogas y una mayor liberación del uso de sustancias psicoactivas.

Que quede claro, pues, que, aunque mi experiencia con drogas ilegalizadas sea con psicodélicos y alguna excursión empatogénica, rechazo de entrada el excepcionalismo. En este ensayo me centro en una clase particular de psicoactivos visionarios, comúnmente llamados "psicodélicos", con una preferencia por los que se pueden encontrar en estado natural, no procesados.

El resurgimiento de la investigación institucional con psicodélicos ha ido acompañado por una popularización a pie de calle. Lo buscan personas con condiciones mentales diagnosticadas, pero renuentes a seguir trata-

---

5. El excepcionalismo psicodélico ha producido incluso una suerte de resentimiento entre personas no blancas. A mí me entristece cuando oigo decir en boca de afroamericanos que los psicodélicos son "cosas de blancos". Esto es falso. Por ejemplo, la música de Jimmy Hendrix, Sly and the Family Stone, Funkadelic, o movimientos culturales como el afrofuturismo no se comprenden plenamente sin los psicodélicos. La iglesia daimista en Brasil fue fundada por un afrodescendiente, Ireneu Serra, un cauchero inmiserado que convivió entre pueblos indígenas de la Amazonía. Algunas comunidades evangélicas en Latinoamérica tienen una actitud hostil contra el uso de esas plantas, ignorando que en muchos casos las tradiciones indígenas han sido guardianas y protectoras del uso y conocimiento de estas sustancias durante siglos y a veces milenios, afrontando brutales presiones colonialistas, mientras que en otros continentes casi se perdieron en su totalidad por las presiones ideológicas de las religiones monoteístas y la modernidad capitalista*.

*Nota a la nota: Tal vez no me creas, pero la modernidad capitalista tiene su propia filosofía psicoactiva, que se puede resumir así: "ponte hasta arriba de cafeína durante el día para ser productivo, ponte hasta arriba de alcohol durante la noche para olvidar tu vida de mierda. Si te sientes mal, compra. O reza. O, mejor, haz las dos cosas". Bueno: ya te advertí que yo también tengo mis prejuicios.

mientos con antidepresivos, o que no pueden o no quieren participar en tratamientos experimentales. O, simplemente, individuos aquejados por los malestares emocionales, espirituales o existenciales que comportan condiciones de vida modernas que alienan del contacto con uno mismo, con otras personas, o con la naturaleza de la que somos parte. Son condiciones que no tienen necesariamente un nombre clínico, pero que se ha tratado de nombrar durante siglos (melancolía, ennui, spleen, blues, vacío, depre, desencanto...), paradójicamente endémicas en sociedades supuestamente prósperas, pero en las que abunda una angustia galopante causada por la competitividad, la acumulación de objetos o experiencias, la externalización de la autoestima en redes sociales o apps de citas...

Algunos famosillos ya hablan abiertamente de sus propias experiencias (Will Smith y la ayahuasca, Mike Tyson y la psilocibina, Gwyneth Paltrow y la ibogaína). También influencers, podcasters y youtubers más o menos enfocados en temas de autoayuda y mejora personal[6] han invadido la red de entrevistas con investigadores científicos, cultivadores, promotores, activistas y proveedores de servicios más o menos abiertos. No faltan los emprendedores en la desaforada carrera que se ha iniciado por capitalizar el fenómeno. Y también, simplemente, individuos como tú o como yo que compartimos nuestra experiencia personal. El panorama que presentan es casi siempre optimista y positivo, hasta un punto que, a mí, siendo un entusiasta, me parece a veces más propio de un ensueño o una quimera. Temo que las prisas, la ambición, el ego de algunos sujetos y la contrastada capacidad de la economía capitalista para arruinar cualquier cosa buena puedan terminar descarrilando las bondades potenciales de la despenalización y la legalización. Retomo esta cuestión en la sección sobre terapia psicodélica, porque imagino que ahora tendrás más interés por saber cómo se acerca uno a esto.

---

6. De estos, los más conocidos son Joe Rogan y Tim Ferriss, aunque su enfoque consumista, tecnoutópico y neoliberal me chirrían bastante y creo que existen podcasts muchísimo más interesantes con una diversidad de enfoques: Psychedelics Today, Plus Three, Truffle Talks, Good Chemistry y algunos episodios de Team Human. En español recomiendo Noticias Psicodélicas de la Semana, del colectivo Chacruna.

Luces y sombras del renacimiento psicodélico

2
Acercarse al mundillo psicodélico
Una perspectiva personal

No voy a dar detalles concretos sobre cómo acercarse, porque no es la finalidad de este ensayo instruir a nadie en cómo vulnerar las leyes, aunque dichas leyes me parezcan injustas y contraproducentes.

En mi país de residencia, Estados Unidos, muchas primeras exposiciones a los psicodélicos se dan en contextos lúdicos, en los años de escuela secundaria o universidad, cuando la juventud comienza a gozar de relativa autonomía. Pero esta clase de drogas no es, ni de lejos, la opción mayoritaria entre la juventud si se compara con el alcohol, el cannabis o las metanfetaminas, estas últimas, por cierto, muy buscadas para mejorar el rendimiento académico en una sociedad obsesionada con la competitividad y la *performance*.[7]

---

7. Uno de mis estudiantes falleció a la edad de 19 años después de haber adquirido en internet un estimulante contaminado con fentanilo. ¿Adquirió el joven su hábito en el mundo decadente de las discotecas o en las desaforadas fiestas de las fraternidades universitarias? Para nada: se introdujo a ellas a través del aparato farmacológico y un deseo de despuntar académicamente. Asimismo, muchísimos trabajadores, asediados por el fantasma del despido en una sociedad sin protecciones laborales, terminan habituados a los opioides analgésicos. Dadas las condiciones apropiadas, esta pesadilla podría ocurrir en España también, uno de los países europeos más liberales en la receta de antidepresivos y ansiolíticos. No hay mayor cartel de drogas en el mundo que las grandes farmacéuticas.

El consumo de psicodélicos es comparativamente minoritario, con tintes de rito iniciático, y suele ocurrir en el contexto de excursiones y acampadas. Hasta donde yo sé, son pocos los jóvenes que deciden convertirlo en parte integral de sus vidas,[8] aunque observo una proliferación de arte y simbología micótica (relativa a los hongos) que sugiere cierta familiaridad y una actitud más abierta.

De hecho, algo que me ha llamado la atención en la mayoría de círculos, retiros o comunidades de discusión en las que he podido participar es la diversidad de edades de sus participantes. Yo ya no soy un pollo (45 años al escribir estas líneas) y todavía me encuentro algo por debajo de la media de edad en un arco que cubre desde veinteañeros a ancianos, con una mayoría de cincuentones o sesentones[9].

Los interesados generalmente tienen noticia de estas sustancias a través de amistades, centros de yoga, meditación, terapias alternativas, *wellness* y, en no pocas ocasiones, prácticas y cultos *new age*. Numerosas organizaciones se anuncian abiertamente en internet como proveedores de "plantas medicinales", un término lo suficientemente ambiguo como para no invitar a una orden judicial.

8. La investigación más reciente de Livne et al. (https://onlinelibrary.wiley.com/doi/epdf/10.1111/add.15987) sugiere que, si bien el uso de psicodélicos y entactógenos ha aumentado entre mayores de 26 años, tiende a mantenerse o descender entre los más jóvenes.

9. De hecho, otra experiencia común en EE.UU. suele ser probar psicodélicos ocasionalmente en la juventud y no volver a tocarlos hasta la edad madura, esta vez de manera más habitual. Este es el caso del autor que tal vez ha hecho más por popularizar los psicodélicos en la última década, Michael Pollan, quien de hecho llega a insinuar que el valor auténtico de estas experiencias no se reconoce bien en la juventud. La terapeuta Ann Shulgin, por su parte, ha defendido que el uso de estas sustancias debería atrasarse mientras no se haya desarrollado completamente la personalidad. Yo no tengo el conocimiento científico necesario para realizar afirmaciones así. Lo que sí puedo decir por experiencia es que es imposible llegar a cierta edad sin cargas ni pérdidas y que los psicodélicos, sin duda, ayudan a negociarlas o sobreponerse a ellas.

Cuando leo en foros en internet las formas en que algunos jóvenes se los administran, a veces no puedo evitar juzgarlas como triviales, inconsecuentes y, en ocasiones, arriesgadas. Pero puede ser simple diferencia de edad. Los más jóvenes tienen más vida por delante, mientras que yo me siento impelido a actuar con más deliberación e intencionalidad. Tengo menos tiempo para hacer el mamón (con perdón), aunque reconozco que no todo ha de tener una intención para ser significativo y que el azar y la experimentación también llevan a descubrimientos felices.

A través de recomendaciones discretas y, si se trata de practicantes mínimamente serios, un cuestionario médico adecuado, el buscador tiene acceso a un retiro donde, en el marco de otras prácticas (yoga, meditación, terapia somática, entre muchas otras), tiene lugar el consumo de la sustancia.

En Estados Unidos muchos de estos retiros suelen presentarse bajo cobertura de una práctica religiosa a fin de acogerse a las amplias protecciones de la Primera Enmienda en materia de libertad de culto. Hasta donde puedo entender la ley estadounidense, no es una estrategia que necesariamente proteja contra incautaciones, detenciones y procesos, pero suele usarse en estos medios, presumo, para atraer y/o tranquilizar a iniciados a quienes pueda preocupar el estigma de la ilegalidad.[10]

En parte debido a su situación en los márgenes del derecho, la calidad y las condiciones de estos retiros varían considerablemente, como también los precios. Ni que decir tiene que la clandestinidad los sube considerablemente. Por eso alguna gente que sólo conoce el mundo de oídas critica muy duramente los precios que se pagan. No me cabe duda de que, en el marco del turismo espiritual y el ansia que produce el mercado por la automejora, están apareciendo cada vez más emprendedores avispados para quienes los psicoactivos representan un pingüe negocio.

También creo haber conocido proveedores sinceros y puedo comprender que se creen un margen de seguridad económica ante la posibilidad, muy real, de que tengan problemas con la ley. Son pocos quienes tienen a mano una red de apoyo que pueda movilizarse efectivamente con la rapidez que requieren situaciones así.

Así, estos retiros pueden ir desde una experiencia básica, sin comodidades, en una sala o dormitorio común bajo supervisión de un proveedor y sus asistentes, hasta entornos con personal médico e instalaciones que no tienen nada que envidiar a un *spa* en el Caribe. Las experiencias pueden durar desde uno a múltiples días. Los organizadores pueden ser terapeutas

---

10. Este es un tema en el que he tenido algún desacuerdo con gente cuya profesionalidad y buenas intenciones respeto muchísimo, pero que creo confunden lo que deberían ser las cosas con lo que realmente son.

clandestinos, que vienen ejerciendo desde la prohibición del LSD en 1968, o bien practicantes devotos que se presentan con funciones variables, sea guía, chamán o gurú. Algunos grupos traen a un taita o curandero de Perú, Ecuador, Colombia o México, aunque, como comentaré en la sección dedicada a este tipo de prácticas, las pretensiones de autenticidad que suelen acompañarlos resultan un tanto problemáticas.

No creo que haya un lugar ideal para hacer esto. En mi opinión, un exceso de lujo o personalización distraen de la experiencia, que debería tener un elemento comunitario o interpersonal. Quiero decir que el viaje suele ser una experiencia individual y subjetiva, y el individuo necesita su propio espacio para llevarlo a cabo felizmente, pero es fundamental que haya procesos de preparación previa e integración posterior a través de diversas prácticas meditativas, devocionales o terapéuticas que suelen incorporar a otras personas cuya copresencia y apoyo suelen ser beneficiosos.

Creo que tampoco hace falta decir ni sorprenderá a nadie que en un marco de ilegalidad y zonas grises existe mucho espacio para los abusos. Por desgracia, la comunidad psicodélica ha guardado silencio al respecto por muchos años. Creo que ello se debe en parte a una "mentalidad de sitio". El asalto ideológico y legal contra las drogas y sus usuarios ha sido tal que es fácil temer que cualquier crítica o denuncia represente una concesión a la manía prohibicionista. Por desgracia, esto da larga cancha a practicantes desaprensivos.

Por el lado de las víctimas, cuando un abuso se da en el curso de actividades no convencionales o simplemente ilegales, no se puede esperar necesariamente una actitud positiva o comprensiva por parte de las fuerzas del orden. Es más, las denunciantes, en su mayoría mujeres, se exponen a la marginalización por parte de la comunidad. En una situación en que todos los participantes arriesgan algo, o mucho, nadie que hable con la policía será visto con buenos ojos.

Pero los abusos ocurren, como los hay en las instituciones religiosas y como se dan también en la práctica psicoterapéutica. Sólo recientemente comienza a hablarse abiertamente de algunos casos, tal vez el más conocido el del infame taita colombiano Orlando Gaitán (https://radioambulante.org/tag/orlando-gaitan), así como las recientes denuncias que

Will Hall (https://www.madinamerica.com/2021/09/ending-silence-psychedelictherapy-abuse/) y el podcast Cover Story (https://www.thecut.com/2021/11/cover-story-podcast-goes-into-world-of-psychedelic-therapy.html) han hecho sobre dos figuras en uno de los más venerados centros de educación sobre terapias holísticas en Estados Unidos.

Como ya dije, trataré más adelante la práctica psicodélica en contextos espirituales. Me ha parecido sin embargo necesario avanzar de entrada que aún dentro de sus muchos beneficios potenciales, existen riesgos en la práctica psicodélica.

Luces y sombras del renacimiento psicodélico

3
La práctica psicodélica:
"Set and setting" o "intención y contexto"

El contenido de esta sección lo conoce ya cualquier iniciado. Aquí quiero introducir a desconocedores totales a este proceso, aunque ya existe información abundante y detallada. Como referencias básicas, aconsejo la *Guía del explorador psicodélico* de James Fadiman y, para quien lea en inglés, *Allies for Awakening* de Ralph Metzner o el portal web Erowid.

El binomio "set and setting" fue acuñado por el controvertido apóstol de la psicodelia, Timothy Leary. Es tal vez el único aspecto sobre el que existe acuerdo casi universal entre las diferentes comunidades psicodélicas: el cuidado de las condiciones mentales, físicas y ambientales que rodean a la ingesta[11] es esencial para una experiencia positiva. Yo traduciría "set and setting" como "intención y contexto", aunque, por claridad, creo que es mejor extender el número de condicionantes: (1) preparación / intención, (2) contexto ambiental, (3) dosis, (4) marco sociocultural y (5) integración. Todas estas partes requieren trabajo consciente, menos la cuarta, que es relativamente inamovible.

No se puede exagerar la importancia de tener una noción clara de estos factores y prestarles atención. Mis tres primeras ingestas de psilocibina fallaron, hasta el punto de que llegué a creer que esta sustancia no me

---

11. Puesto que en la mayoría de los casos los psicodélicos se administran por vía oral, hablaré de "ingestión", aunque también hay administraciones por inhalación, transdérmicas, intravenosas y rectales.

afectaba[12]. Resultó que lo que en realidad necesitaba era una buena guía (una persona a la que nunca más he vuelto a ver, pero a la que le quedo agradecido de por vida) y una mayor atención a la intención y el contexto.

"Set" o preparación / intención

Cronológicamente, cubre desde el momento en que se decide tomar la sustancia hasta la ingesta como tal. En su acepción más básica, se trata de una formulación consciente de lo que el psiconauta desea conseguir con esta experiencia, lo que se conoce como una intención. Muchos consideran, y yo lo comparto, que una intención clara y sincera es esencial para una buena sesión. No es necesario que sea demasiado elaborada ni específica. A veces basta con reflexionar sobre los valores y motivaciones que más le importan a uno para llevarlo a pasar por este proceso y que se lo exprese a sí mismo, muy especialmente en los instantes previos a la ingesta.

Como intención, suelen bastar expresiones simples como "aprender", "conectar", "querer a los demás" o "quererme a mí mismo", "escuchar a la naturaleza" o "un encuentro con Dios / con lo sagrado". Puesto que los efectos de las drogas visionarias son bastante impredecibles, creo que es preferible no amarrarse a la propia intención y que esta no sea demasiado elaborada o específica, pues el resultado podría ser decepcionante. Creo que es mejor dejar que el viaje fluya y aceptar lo que la sustancia te dé.

Un ejemplo. Acudí a una ceremonia en la que se administraba MDMA y psilocibina[13]. Yo andaba con resquemor por un fracaso en un proyecto reciente y un poco acuciado por la necesidad de tomar una decisión que tenía importancia vital para mí (o así lo creía entonces). La experiencia no me dio la claridad que estaba buscando pues me dejé llevar por el nuevo contexto situacional en que me encontraba, imbuido del fuerte

---

12. No es extraño, por cierto, que algunos psicoactivos no tengan efecto en las primeras tomas, o lo tengan de manera reducida.

13. Algunos proveedores ofrecen este protocolo conocido también con el nombre callejero de *hippie flip* con la idea de que el MDMA, un empatógeno, ayuda a "abrir el corazón" de forma que el viaje con psilocibina pueda fluir con más facilidad y evitar resistencias internas. Creo que es una combinación magnífica pero no la recomendaría a principiantes.

componente devocional en la experiencia de los demás practicantes. Viví momentos bellísimos, alternando entre la paz y el éxtasis. Los dos días siguientes me sentí decepcionado por haber sido demasiado flexible y no haber cumplido con mi intención. Sin embargo, al cabo de una semana hube de reconocer que me sentía extrañamente bien y que el desasosiego que había sentido durante el mes previo a la ceremonia había desaparecido completamente. Tal vez la decisión correcta era no decidir.

"La ceremonia ha empezado" es una expresión que suelen utilizar comunidades y practicantes que realizan las ingestas en un contexto ritualizado o religioso. La idea es que desde el momento en que se toma la decisión de tomar la planta o compuesto, todas las acciones deben contener una intencionalidad y reflexividad encaminadas hacia un ritual exitoso.

Para este fin, las prácticas tradicionales suelen incorporar una serie de prescripciones. Entre los mazatecos, por ejemplo, se requiere que al menos cuatro días antes y cuatro después de la ingesta de los 'ndi xitoj ("pequeños que brotan", es decir hongos psilocibios), la persona se abstenga de relaciones sexuales (inclusive con uno mismo), expresiones soeces y cotilleos, y que evite ciertos alimentos como carne de cerdo, frijoles negros, lácteos o huevos. Las tradiciones ayahuasqueras prescriben dietas mucho más extensas, de dos semanas o incluso meses de duración. Otros practicantes simplemente aconsejan evitar psicoactivos y comidas pesadas las últimas 24 horas y realizar prácticas como meditación, yoga u otros ejercicios.

No me considero religioso, aunque aprecio las prescripciones que introducen un elemento de disciplina personal y esfuerzo en la práctica, que ayudan al buscador a centrarse y poner atención, y, sobre todo, que le recuerdan la importancia y significación del trabajo que está llevando a cabo. La experiencia psicodélica es imprevisible y difícil de controlar, por lo que es buena idea entrar en escena con un cierto dominio de sí.

Además, algunas prescripciones dietéticas no son triviales. Por ejemplo, antes de consumir hongos psilocibios es esencial evitar los lácteos, pues crean una capa en el estómago que interfiere con la transformación de psilocibina en psilocina (el verdadero componente activo) por los jugos gástricos. La ayahuasca y la amanita muscaria son eméticas, por lo que es aconsejable consumirlas con el estómago vacío para evitarse una experiencia desagradable.

No es el fin del mundo si no se atienden las instrucciones del guía o colectivo al 100%, pero me cuesta imaginar que alguien esté como debería si, por ejemplo, la noche antes tuvo relaciones con una nueva pareja, anduvo haciéndose el gracioso en apps de citas a ver qué pesca para los días después, o si se atiborró de vino o grasas la noche antes y llega a una experiencia intensa con el sistema digestivo cargado.

"Setting" o contexto ambiental

Se refiere a las condiciones físicas y sociales que rodean a la ingesta. ¿Dónde lo toma uno? ¿A qué hora del día? ¿Con quién? ¿Cómo es la relación con los demás participantes? ¿Ingieren todos lo mismo y en la misma dosis? Se considera que una falta de atención a estos aspectos es la causa principal de los malos viajes. Imagino, por ejemplo, que ingerir una droga visionaria por cuenta propia durante un concierto de rock industrial en una fábrica abandonada, por la noche y rodeado de una afluencia de desconocidos dará lugar a una experiencia perturbadora. En cambio, los experimentos médicos suelen darse en contextos controlados, apacibles, con apoyo de personal entrenado, y se han reportado pocas experiencias negativas[14].

Habrá quedado claro ya que las experiencias con drogas visionarias suelen incorporar una dimensión colectiva. No quiero decir que sea un rasgo único de las prácticas psicodélicas, pero sí bastante característico. Acaso por la imprevisibilidad de estas sustancias, está bastante asentada la idea de que las ingestas deben ocurrir en contextos controlados, bajo supervisión de un terapeuta, gurú, chamán, taita o guía.

Hay quien defiende que el entorno clínico o el contexto de un retiro son imprescindibles, aunque yo lo dudo. Sé que estas experiencias pueden ser tanto o más valiosas, sin que cuesten un ojo de la cara, en entornos naturales

---

14. Sin embargo, la segunda temporada del podcast *Cover Story* (episodios 6 a 9) arroja algunas dudas sobre los criterios de algunas organizaciones investigadoras a la hora de reportar malas experiencias.

apacibles, seguros, acompañado de gente querida o con la que haya buena onda, y con un relativo aislamiento de perturbaciones[15]. Eso sí, para las ingestas no guiadas es imprescindible tener un cierto conocimiento de sí y de las propias reacciones a diferentes estímulos.

Por mi parte, no creo que el contexto ideal exista, sino que lo ideal es prestarle atención. ¿Sólo o acompañado? ¿Con amigos o con compañeros de retiro? ¿En la naturaleza o en un lugar cerrado? ¿Sentado, echado, paseando? ¿Ojos abiertos o vendados? ¿Con música o en silencio? ¿Con arte o estímulos visuales o táctiles a mano? ¿De día o de noche? He tenido experiencias positivas en diferentes modalidades, pero no porque una sea intrínsecamente mejor que otra, sino porque existía una razón para que fueran óptimas en aquel momento y situación. Por ejemplo, a una persona nueva le recomendaría una dosis baja, en la naturaleza, bajo supervisión de una persona querida o un guía o terapeuta experimentado. Una experiencia positiva podría entonces abrir la puerta a una dosis más fuerte en la seguridad de un espacio interior.

Está muy extendido entre la terapia psicodélica el protocolo ideado por uno de sus primeros promotores, Al Hubbard: un sofá mullido, una máscara para los ojos, banda sonora inmersiva por auriculares y apoyo de una o dos personas sobrias para facilitar la experiencia. Otra práctica extendida es que un guía o acompañante experimentado tome una dosis menor, equivalente a entre un 5 y un 50% de la dosis del viajero o paciente.

Me parece difícil exagerar la importancia de la experiencia auditiva en el contexto. En estados ordinarios, la música ya tiene la capacidad de motivar emociones, movimiento, reflexión... Algunos psicoactivos contribuyen a sensibilizar al buscador todavía más y, en el caso de los empatógenos y las drogas visionarias, facilitan el contacto con las emociones y/o una introspección profunda. Los laboratorios de Imperial College en Londres, New York University y Johns Hopkins tienen sus playlists "oficiales" de psilocibina, fáciles de encontrar en Spotify. Suelen tener entre cuatro y

---

15. La psilocibina, por ejemplo, puede aumentar la agudeza con que se sienten los estímulos auditivos, por lo que puede ser difícil de sobrellevar en lugares demasiado concurridos. Por otro lado, conozco gente que la toma en conciertos.

cinco horas y media de duración y están cuidadosamente organizadas en fases acordes al progreso típico del viaje: una introducción de media hora mientras la droga hace efecto, con su intensificación progresiva, pico, meseta y descenso.

El gusto musical es subjetivo y cada quién tendrá sus preferencias. He experimentado una dosis heroica con la banda sonora de Johns Hopkins, que abunda en música sinfónica, coral y devocional de inspiración hindú, y puedo decir que acompaña momentos bellos, tristes, místicos e imponentes. En cambio, el aterrizaje contiene algunas canciones con connotaciones explícitamente cristianas que a mí me perturban, o temas que por ser demasiado conocidos o azucarados no significan tanto para mí. Así que, en lugar de Mercedes Sosa, Ladysmith Black Mambazo o Louie Armstrong, me preparo un aterrizaje más a mi gusto: por ejemplo, "Naima" de Angelique Kidjo, "Voci" de Zucchero y la para mí casi imprescindible "Silent Lucidity" de Queensrÿche. También se puede alternar la función aleatoria del reproductor y momentos de silencio con tapones en los oídos, aunque introducir la aleatoriedad ya representa un cierto riesgo.

Dosis

Habrá quien diga, con cierta razón, que esto forma parte del apartado primero, preparación / intención. Yo prefiero distinguir entre el aspecto psicológico de la intención y el farmacológico de la dosis (del verbo latino "doy").

Al ingerir productos naturales, como hongos o cactus, la dosis es más imprevisible que cuando se toman sustancias sintetizadas en laboratorios, pero en todo caso es importante tener una idea previa y clara de cuánto se va a consumir y en cuantas tomas. Puede haber cierta flexibilidad con un guía experimentado que pueda evaluar el estado del psiconauta desde fuera (como de hecho vienen haciendo practicantes indígenas desde hace siglos). A falta de esta presencia, es mejor no sobrepasar la dosis decidida inicialmente o, por lo menos, nunca ir más allá de la cantidad máxima que ya se haya tomado antes bajo supervisión.

Con toda sustancia psicoactiva es esencial tener una noción del **margen de seguridad**, es decir, cuánto margen hay entre una dosis con el efecto deseado y una dosis tóxica. Algunas drogas, como los opiáceos, tienen márgenes bastante reducidos y por eso se consideran más problemáticas. Por cierto, para problematizar la arbitraria distinción droga/medicamento, apunto que hay productos como el paracetamol que tienen un margen de seguridad bastante reducido si tomamos en cuenta que se venden sin receta.

Hasta donde se sabe, las sobredosis de psicodélicos no suelen ser letales, pero sí pueden dar lugar a viajes muy largos, intensos y traumáticos, o simplemente someter al sujeto a un estado de disociación tal que retorne sin ningún contenido útil para integrar. El uso abusivo de algunas drogas visionarias puede hacer que los "flashbacks" o "retornos" (conocidos en la literatura médica como "trastorno perceptivo persistente por alucinógenos"), breves lapsos posteriores al viaje en los que se experimentan alteraciones en la percepción visual, puedan volverse largamente duraderos, incluso por meses. Hay practicantes que argumentan que este trastorno, bastante ocasional, se debe en realidad a procesos de integración incompleta o un entorno social hostil a este tipo de experiencias.

Ralph Metzner, uno de los practicantes con más solera, establece un margen de seguridad para los psicodélicos entre la "dosis efectiva" (DE) y "dosis disociativa" (DD)[16]. Asumiendo un contexto favorable, la DE sería el punto a partir del cual el 50% de la población experimenta efectos sensibles y la DD aquella a partir de la cual el 50% de la población ya experimenta efectos disociativos: pérdida de propiocepción, verbalización o vocalización inconscientes, pérdida de noción de la realidad circundante y, a posteriori, incapacidad para articular contenido sobre la experiencia o su recuerdo. Estoy de acuerdo en que se trata de criterios observacionales extremadamente subjetivos, pero en el caso de los psicodélicos el margen de seguridad no puede regirse por la letalidad porque, como ya he dicho, esta es muy poco común.

Los márgenes que propone Metzner son de los más conservadores. Hay autores venerados que los ofrecen más elevados, como Alexander

---

16. *Allies for Awakening*. Berkeley, CA: Regent Press, 2015, págs. 77-80.

y Ann Shulgin (los manuales *TiHKAL* y *PiHKAL*), Daniel Trachsel (*Psychedelische Chemie*) y particularmente Jonathan Ott (*Pharmacoteon*). Metzner y muchos otros practicantes concuerdan en algo en principio contraintuitivo: que los navegantes más experimentados precisan dosis más bajas. Esto tiene su lógica pues, a medida que se conoce mejor la sustancia, hay más claridad en las expectativas y se tiene una noción de cómo navegarla.

Hay visiones alternativas. Conozco una iglesia enteogénica en la Costa Oeste que postea un registro de dosis en redes sociales. Para mí, tomarse esto como si fueran unas olimpiadas me parece una trivialidad. Sin embargo, hubo figuras de renombre como el desaparecido maestro Kilindi Iyi, de Detroit, quien consideraba la práctica psicodélica como un arte marcial y la capacidad para tolerar dosis muy elevadas una expresión de disciplina.

El sitio web erowid contiene un amplísimo registro de experiencias subjetivas y también abundan en el internet tablas de dosificación. Por ejemplo, una escala típica de *psilocybe cubensis* secos, como la de la iglesia que mencionaba antes:

0.1– 0.3g: Microdosis.
0.3– 1g: Dosis umbral o museo.
1– 2.5g: Dosis efectiva mediana.
2.5– 4.5g: Dosis efectiva alta.
4.5– 6g: Dosis heroica.
6g+: Dosis cósmica.

Son medidas aproximativas, pues en realidad no se puede prever con exactitud el contenido exacto de psilocibina en unos hongos secos. Eso depende de factores como especie y fenotipo, por cuánto tiempo se abrió el sombrero antes de arrancar la seta, o si estuvieron expuestas a temperaturas demasiado elevadas al secarlas. En buenas condiciones, un gramo de *p. cubensis* suele contener 10-12mg de psilocibina, mientras que otras especies varían entre los 6 y los 20mg por gramo.

La dosis efectiva es aquella que puede producir ya alteraciones visuales con los ojos abiertos, como una sensación de ritmo en el movimiento de los árboles, de que el entorno "respira" o que la materia "vibra", aumento de agudeza sensorial, sentimientos de euforia o de introspección intensa, ocasionalmente risa, deseo súbito de comunicarse o, al contrario, de guardar silencio. Cuanto más elevada, suele darse una necesidad de "purgar" (típicamente bostezos, pero también deseo de llorar, orinar, defecar o vomitar) y una ligera pesadez en los músculos.

Se entiende por dosis umbral aquella que produce alteraciones perceptibles en el ánimo y un ligero aumento de la agudeza sensorial. Suele usarse con fines (re)creativos. Algunos, especialmente practicantes novatos en solitario, recurren a esta medida para "perder el miedo". La microdosificación también es una técnica muy popular entre los profesionales de Silicon Valley, según la cual el consumo de un 5-20% de una dosis mediana aproximadamente cada 2-7 días produce a largo término los mismos efectos benéficos para la salud mental sin el "viaje". No existen estudios concluyentes que distingan la microdosificación del efecto placebo y por mi experiencia tengo dudas sobre esta práctica.

El apelativo de "dosis heroica" viene de otro de los padres de la contracultura, Terence McKenna, quien decía que en ciertas dosis el buscador experimenta una disolución o muerte egoica, a la manera del descenso a los infiernos de los héroes y mitos antiguos (Gilgamesh, Perséfone, Jesucristo o los gemelos héroes Hunahpú e Ixbalanqué, por citar sólo unos pocos). Puedo dar fe de que he pasado por al menos una de estas, ha sido una de las experiencias más importantes de mi vida y la recomendaría sin vacilaciones a cualquier persona que no padezca las contraindicaciones típicas (trastornos psicóticos, enfermedades cardíacas o interacción con inhibidores de la retoma de serotonina). Sin embargo, también puedo decir que últimamente el término se viene usando con tanta frecuencia que cada vez significa menos y que ya es bastante común leer a entusiastas que llaman "muerte del ego" a los típicos sentimientos de conexión o las experiencias sensoriales abrumadoras que se pueden producir al ingerir psicodélicos.

Habrá quien diga que la dosis cósmica no existe, que es una bravuconada o que simplemente estamos hablando de una experiencia disociativa. No tengo experiencia al respecto aunque me remito a lo ya dicho que algunos individuos se someten a experiencias disociativas como una forma de disciplina mental.

Marco cultural

Con "marco cultural" trato de englobar el entramado de ideas, imágenes y signos que configuran el entorno discursivo y cultural de una persona, que explican el mundo en que vive, a sí misma y a la relación entre ambos. El contenido concreto de ciertas visiones no surge de la nada, sino de una relación dialéctica entre el buscador y un entorno en el que ha adquirido lenguaje, conceptos, valores, ideas, tópicos, mitos y leyendas, símbolos y asociaciones figurativas.

Si hay ateos que han pasado por dosis altas y dicen haber estado en contacto con Dios o con lo sagrado es porque viven en culturas donde estos conceptos existen, se habla y se especula sobre ellos. Alguien que profese una religión no cristiana puede encontrar a Jesucristo en sus visiones si ha coexistido con una mayoría cristiana o, por lo menos, con un entorno cultural donde la crucifixión comunique un sentido. Es bastante común entre quienes reportan experiencias con dimetiltriptamina (DMT) o análogos un encuentro con una suerte de "entidad" con forma humanoide, de insecto o reptil que le comunica algo al psiconauta. Mucha gente, por cierto, reporta que ese encuentro se produce en una especie de nave o estación espacial. Sospecho que un espacio así solo se da entre personas que tienen un concepto de la ciencia ficción.

Con esto no quiero cuestionar la autenticidad de la experiencia psicodélica o visionaria. Una parte fundamental de ésta es, por así decir, "cruda" o "prelingüística". Es esa parte que se resiste a una formulación clara, ese "tienes que pasar por ello para entenderlo", eso que a veces parece comunicable solo a través de mensajes que parecen simplistas o bobalicones ("el Universo es amor"), pero que se sienten con profunda intensidad durante la experiencia y que pueden tener un efecto transformador y duradero en la personalidad.

Sospecho que el contenido visual o verbal más concreto que se produce en ese estado es producto de un esfuerzo por parte de nuestra psique de dar forma a lo que está ocurriendo. Parafraseando a Borges, si yo camino por la selva y me encuentro con un tigre, la consecuencia es el miedo. Si estoy soñando y tengo miedo, la consecuencia es la visión de un tigre.

Habrá quien diga que esto que llamo marco cultural no forma parte de la experiencia psicodélica, por varias razones. Por ejemplo, la experiencia psicodélica sacude las verdades asumidas, entre ellas algo tan personal y en apariencia inamovible como el ego o la autoimagen social del individuo. Desde esta perspectiva, no se construiría según el marco cultural del individuo, sino que, al contrario, contribuiría a socavarlo. Habrá quien diga que muchas sensaciones tienden a ser tan abstractas, abrumadoras o complejas, que cualquier intento de darles significación, especialmente en el momento mismo, representa un acto de resistencia interna que en realidad nos aleja de la verdad profunda de la experiencia.

Algún y alguna guía a quienes aprecio muchísimo me amonestan que intelectualizo excesivamente esta experiencia. Simpatizo con su crítica. Hay algo maravillosa y bellamente desestabilizador en esta experiencia, que en sus partes más intensas tiene un núcleo inefable. En mis notas de integración después de una experiencia particularmente intensa escribí "en contacto con la fibra misma de la existencia". Quien lo ha vivido sabe a qué me refiero.

Pero también es cierto que, por muy inefable que sea, al regresar de esta experiencia muchos de nosotros hablamos de ella con amigos y allegados (a lo mejor reservamos una parte del contenido para nosotros mismos o para gente a la que consideramos más querida o receptiva). También se acepta entre la mayoría de comunidades urbanas o del Norte global que una de las partes esenciales del proceso es la integración, que implica algún tipo de verbalización. Inevitablemente, "hablar de" u otorgar algún tipo de sentido a la experiencia representa hacerla pasar por un proceso lógico y de semantización imposible de llevar a cabo sin la existencia de un marco cultural.

Hay quien, más allá de toda explicación cultural, cree en la verdad objetiva de estas visiones. Tengo noticia de un individuo que regresó de un ritual con DMT convencido de que había viajado a los confines del Universo, donde un miembro de una raza alienígena le había comunicado uno de sus secretos fundamentales. Está al parecer recabando fondos para fundar una iglesia. En una conferencia, un chamán de cuyo nombre no quiero acordarme sostenía que la auténtica experiencia de los hongos psilocibios debía tener lugar en una localización concreta (como el municipio donde él mismo practicaba) porque a través de su ingesta se abrían portales que conducían al contacto con otras civilizaciones antiguas. Insistía tanto que me sentí obligado a apuntar que yo había hecho los hongos en el mentado municipio y jamás vi tales portales[17]. Otro guía a quien aprecio muchísimo no pierde oportunidad de recordarme que estas sustancias son un vehículo para comunicarse con los ancestros, aunque yo personalmente nunca me he encontrado con nadie más allá de la generación de mis abuelos.

Me parece interesantísimo que la gente vea alienígenas en los confines del universo, portales al antiguo Egipto en plena sierra zapoteca, o que comulgue con sus antepasados hasta la séptima generación. Sin burlas. Si aparecen estos contenidos es porque tienen un sentido para quien se le aparecen y, por lo tanto, manifiestan alguna verdad y merece permanecerse en ellos en paz, sin juicios y, si es posible, con un examen reflexivo en la integración. Pero estas cosas comienzan a chirriarme cuando el psiconauta acepta estos contenidos como un hecho objetivo, y más cuando comienza a predicarlos como verdad aplicable a todos los demás, algo que en el medio se conoce como "complejo de chamán".

Las drogas visionarias y los empatógenos me parecen vehículos maravillosos para descubrirse a uno mismo de una manera franca, sin tapujos, abrirnos a las propias emociones, encontrarnos de nuevo con el niño que fuimos, perdonar a quienes nos hicieron daño, hacer las paces con traumas o situaciones intolerables por las que pasamos, librarnos de las cadenas de una falsa imagen o de un amor propio que nos separa de la gente, comprometernos con cosas más allá de nosotros mismos, recuperar

---

17. Por supuesto, que yo no haya encontrado tales portales no significa que no existan. Lo que ocurre es que aquí estamos hablando de cosas no verificables. Curiosamente, este señor utilizaba un vocabulario que parecía más propio del *new age* que de las cosmologías de los pueblos mesoamericanos. Puede ser que fuera el vehículo elegido para comunicarse con blancos porque entendiera que sus propios conceptos no eran traducibles o, simplemente, estaba usando el lenguaje que vende más a cierto público.

la fe en lo divino, en los demás o en uno mismo, y un largo etcétera de posibles bendiciones. Parece que las misteriosas visiones que se encuentran en estas experiencias son el vehículo de estos descubrimientos. Restringir esta experiencia a una simple verdad auténtica y revelada me parece un empobrecimiento, aparte que limita o impide el siguiente paso.

Integración

Esta es la parte que tiene lugar después de que hayan pasado los efectos de la ingesta. Casi todos los practicantes y psiconautas en las sociedades urbanas y del Norte global, sean de la persuasión que sean, coinciden en que es una parte esencial de la experiencia. Me atrevo a suponer que somos mayoría quienes entendemos que la integración es más importante que el estado alterado propiamente dicho, muy especialmente entre aquellos que usan estas sustancias con fines terapéuticos y de sanación.

La integración es el proceso que otorga sentido a la experiencia al regresar al estado de conciencia ordinario. Existen numerosas técnicas para ello y, como el contexto, no creo que haya una "correcta". Puede empezar por compartir algunas sensaciones, sentimientos o imágenes de la experiencia en un círculo con otros viajeros, prestando atención, sin juzgar, a cómo fue la experiencia para otras personas. Puede ser un proceso de elucidación con un terapeuta, con amigos u otros aficionados que apoyen este tipo de experiencias. Una producción artística o reflexiva, como un diario, o pintar, aquello por lo que el sujeto sienta más inclinación, también es esencial. Es probable que ejercicios de meditación, yoga, qi gong u otras disciplinas también aporten experiencias positivas.

Un amigo mío practica métodos menos convencionales, como la introducción de elementos aleatorios: un miembro de un círculo extrae una carta del tarot y los psiconautas reflexionan sobre su experiencia en conexión con la imagen o significación de esta carta. Otra forma es combinar el acto intelectual de discurrir sobre el sentido de la experiencia con experiencias olfativas o táctiles. Para mí, que tengo una tendencia a analizar, comparar, clasificar, estos métodos representan una variación interesante sobre mi forma de relacionarme con el mundo, lo cual, a fin de cuentas, es uno de los objetivos de estas experiencias.

Se suele decir que la integración de ciertas experiencias puede llevar semanas o meses. Hay quien dice que experiencias de cierta intensidad pueden llevar un año como mínimo. Más allá del proceso individual de cada quien, el período inmediatamente posterior es esencial para todos. Yo recomendaría, en el caso de viajes ligeros, dejar la tarde o la mañana siguiente libres para dedicar exclusivamente a la integración. Si hablamos de experiencias más intensas con dosis "heroicas", como diría McKenna, un día completo en paz es un requisito indispensable[18].

Lo que surja de la experiencia psicodélica tendrá tanto impacto como significativa y completa sea la integración que le siga. No sirven de nada las experiencias místicas, de comunión con la naturaleza o de unidad de la especie humana si luego el sujeto no está dispuesto a actuar en consecuencia cuando regrese al estado ordinario, o si le faltan las herramientas emocionales o cognitivas o las condiciones materiales que se lo permitan.

También creo que no se puede exagerar la importancia del entorno que recibe al viajero de vuelta, tanto el más familiar e inmediato como el marco social, económico y cultural en que debe moverse. Por eso soy un poco escéptico con respecto a las aproximaciones a la psicodelia en términos de terapia individualizada dedicada al tratamiento de males definidos y clasificados en la literatura médica, cosa que trataré en una sección posterior dedicada a la medicalización de los psicodélicos ("El cielo en pastillas").

También creo que, solo como terapia, una sesión psicodélica bien integrada siempre será muy superior a medicar a un paciente con antidepresivos durante meses o años. Para explicar a qué me refiero, tal vez será mejor acercar a mis lectoras y lectores a cómo fue mi propia experiencia.

---

18. Esto, por supuesto, choca con las obligaciones familiares o los ritmos de vida que imponen las sociedades modernas y explica, en parte, por qué los colectivos psicodélicos en la actualidad son percibidos como elitistas. Pero, como ya he dicho más arriba, esto implica reconocer la existencia de un ritmo o sistema de vida que interfiere con la integración de la mayoría de las personas con vidas normales, no que los psicodélicos en sí sean "elitistas".

4
Mi "annus mirabilis"

Mi sustancia de preferencia se llama psilocibina y se encuentra naturalmente en unas doscientas especies de setas distribuidas por todos los continentes. Soy profesor universitario, con un interés especial en estudios mexicanos. Curiosamente, los hongos psilocíbicos tienen un profundo arraigo en algunas culturas ancestrales de ese país, aunque no me inicié en esto como una derivación de mis actividades profesionales.

La experiencia que puedo aportar es la de un individuo que leyó extensivamente sobre el tema durante algo más de un año antes de su primer viaje efectivo en marzo de 2021. Excluyendo la marihuana, sustancia cada vez más socialmente aceptada, pero que a mí me sienta pésimo, mi historial con psicoactivos ilegalizados era nula. Después de un año, cuento ocho experiencias efectivas con psilocibina, tres con MDMA, dos combinando mescalina con psilocibina y MDMA con psilocibina y, por último, un autoexperimento con una dosis baja de un análogo[19] del LSD. Casi todas han sido positivas[20], desde algunas simplemente interesantes o placenteras hasta

---

19. Por análogos se entiende sustancias sintéticas estructural o funcionalmente semejantes a otras de uso más común o conocido. También conocidas como "drogas de diseño", son consecuencia directa de la legislación prohibicionista, pues con ellas se trata de sortear barreras legales en aquellos países donde la ley requiere la prohibición explícita de una sustancia. Aunque algunos países tienen "leyes de análogos", muchas de estas sustancias se encuentran en zonas grises de la ley. Su proliferación es problemática porque sus efectos son por lo general menos estudiados que los de la sustancia que replican.

20. Creo necesario apuntar que también he realizado algunos intentos con salvia de los adivinos (salvia divinorum), hasta ahora sin demasiado efecto. Quizás se debe a las peculiaridades de esta planta o falta de atención al contexto por mi parte. Se conoce como xka o yerba pastora en su

otras que no puedo calificar como menos que reveladoras, emocionales, curativas y, en algunos casos, sublimes o extáticas.

Después de mis primeras experiencias he continuado leyendo sobre el tema y espero que estas y otras sustancias análogas continúen formando parte integral de mi vida. Creo también que el encanto inicial, la "luna de miel", por así decir, ha terminado ya y contemplo prácticas propias y ajenas y el discurso existente, con un espíritu algo más crítico, lo cual me motivó a escribir sobre estas *Luces y sombras*. Hablando de lo cual...

El pasmo lúcido

Algo que aprecio particularmente de la experiencia con drogas visionarias y empatógenas es la lucidez de esta y la claridad con que se recuerda todo, con ciertos matices en lo tocante a la distorsión temporal y a algunas abstracciones.

Imagina que vas a un guateque: te presentaste en tal sitio, hablaste con fulanito y menganita, conociste a zutana, que te gustó y con quien intercambiaste números, en algún momento apareció perengano, que te da muy mal rollo, alguien se emborrachó y cantó rancheras y a la gente le dio mucha risa. Al día siguiente recuerdas la fiesta, tal vez no con precisión milimétrica y en el orden exacto, pero sí a quien viste, de qué hablaste, y cómo te sentiste a lo largo del encuentro. Algo parecido ocurre con el recuerdo de la experiencia con psilocibina, con la diferencia de que uno de sus efectos es alterar la percepción temporal. Ello, unido a la recursividad de algunas imágenes e ideas en la experiencia y, por la conexión más asociativa que lógica en la sucesión de visiones y pensamientos que se producen, hace que sea un poco difícil de recuperar con exactitud la secuencia precisa de

entorno nativo de la sierra mazateca (Oaxaca, México). Su componente activo, la salvinorina, no fue descubierto hasta los años 90 y por su mecanismo de actuación y efectos se la conoce como un "psicodélico atípico" o disociativo. Es legal en España, México y muchos estados de EE.UU., donde tiene mala reputación debido a la moda instituida por algunos energúmenos de grabarse fumando altas concentraciones (la forma tradicional es masticada o en infusión) y sus extremos efectos. Puesto que es una planta sin mucho seguimiento (paradojas de la legalidad) y mi historia de encuentros y desencuentros con esta planta merecería capítulo aparte, temo que incluirla aquí detraería de otros temas de interés más general. (Debo avisar también que s. divinorum es la única especie de salvia, entre las doscientas que hay, con efectos psicodélicos documentados, así que si estabas pensando en comerte o fumarte la que hay en tu cocina "a ver qué pasa", déjalo correr).

pensamientos y visiones, y cómo se llegó de unos a otros, aunque se tenga una idea bastante clara del contenido total de la experiencia.

Eso sí, las visiones más abstractas (casi siempre con ojos cerrados o en la oscuridad) son con frecuencia de tal vastedad que para mí resulta difícil reproducirlas con precisión en el ojo de la memoria. No dudo que habrá artistas que sí sepan.

Pero, dejando de lado la cuestión de la secuencia y la dificultad de reproducir con exactitud las visiones más complejas, lo cierto es que, en los días siguientes, persiste un recuerdo claro de la experiencia, cómo se sintió uno, qué pensó, qué aprendió. Es fácil evocarlo en las sesiones de integración, aunque para algunos será más difícil reproducir en presencia de otros el contenido más doloroso o delicado. Un ejercicio de integración común es rememorar y reflexionar sobre la experiencia escribiendo en un diario.

Al contrario de lo que sugieren algunas representaciones mediáticas de los psicodélicos, hay más problema en ponerlo *todo* por escrito que en recordarlo. El sitio web erowid.org es buen testimonio de ello. Contiene un extenso repositorio de narrativas que detallan experiencias con una gran variedad de psicoactivos. Un paseo por esa página serviría para disuadir a cualquier mente abierta de ciertos estereotipos que existen sobre los usuarios de drogas como escapistas o degenerados, y dar en cambio una idea de las sensibilidades, emociones y reflexividad que despiertan[21].

Tengo dudas acerca de la conveniencia de exponer mi propia narrativa. No es simplemente una cuestión de pudor por la dimensión personalísima que tienen muchas de estas experiencias. Tampoco porque ya haya numerosos ejemplos donde elegir[22]. En realidad, escribir sobre el contenido de la

---

21. El escritor Richard Doyle trata la "grafomanía" inducida por los psicodélicos en *Darwin's Pharmacy* y defiende que los psicodélicos son una suerte de "estrategia retórica" de la naturaleza. Esta sección trata sobre mi experiencia solo, y no creo saber con claridad qué son los psicodélicos, al menos desde una perspectiva finalista.

22. Ya he mencionado el sitio web erowid. La memoria de "viajes" es además un honorable género literario que se remonta a las *Confesiones de un comedor de opio* de De Quincey o el deafortunadamente titulado *Los paraísos artificiales* de Baudelaire. También hay numerosas muestras en la poesía modernista latinoamericana y española (Martí, Darío, Quiroga, Julián del Casal, Valle-Inclán),

visión es como escribir sobre los propios sueños: suele tener poco interés más allá del propio sujeto, algunos allegados cercanos y, tal vez, para personas profesionalmente interesadas en los efectos de estas sustancias.

Creo que aquí será más informativo e interesante escribir sobre la calidad de la experiencia que sobre su contenido. Por ejemplo, qué se puede esperar de una "dosis museo" baja de psilocibina. Primero, no produce "alucinaciones" en el sentido coloquial de la palabra: realmente no ves nada que no esté ahí ya. Lo que ocurre es que los colores, especialmente los más fríos, se vuelven mucho más vívidos. El efecto más "espectacular" tal vez es el que ocurre con los volúmenes. La visión de un árbol desnudo, por ejemplo, puede adquirir ángulos y dimensiones imprevistas y se percibe su ramaje en su enorme complejidad, una maravilla que continúa asombrándome en estado ordinario un año después. Las superficies y objetos se mueven de forma ligeramente acompasada, lo cual da lugar a la impresión de que las montañas "respiran", las copas de los árboles "bailan" y hasta puedes ver cómo crece el pasto delante de ti. Verdaderamente, la naturaleza como un ente vivo no solo se percibe, sino que se siente. Por esto, y también porque es muy común volverse especialmente sensible al sonido, aconsejo vivir esta experiencia en un parque o un espacio natural no demasiado concurrido.

Para mí, la soledad aporta un valor añadido pues se siente realmente que la naturaleza, en conjunto o en sus partes, te habla. He tratado de explicarme este fenómeno, pero primero cabe apuntar que el valor real de esta experiencia no es la visión en sí, sino el estado extremadamente receptivo, emocional, vulnerable e introspectivo al que te conduce. Me gusta explicar las visiones como una antesala. Sí, son bonitas y, a veces, con efectos bastante impresionantes, pero también ofrecen una suerte de anuncio de que ya estás "abierto", por así decir, y que ya puedes mirar dentro de ti.

---

aunque, por desgracia, están empañadas de una melancolía y moralismo que no dan cuenta cabal del fenómeno tal como tú o yo podamos verlo desde nuestros marcos culturales contemporáneos. Con menos tintes de malditismo, los albores de la psicodelia moderna tienen valiosos ejemplos en *Las puertas de la percepción* de Huxley, *El milagro miserable* de Michaux o las *Aproximaciones* de Jünger. No hablemos ya de las incontables obras literarias que parecen haber sido inspiradas por experiencias con drogas visionarias, algunas tan populares como *Alicia en el país de las maravillas* de Carroll o *Duna* de Frank Herbert.

En lo que respecta a por qué los árboles o las montañas te hablan, estoy abierto a considerar múltiples explicaciones. Hay quienes interpretan esta experiencia en un sentido literal: efectivamente, la naturaleza te está hablando. El filósofo Andy Letcher defiende sin tapujos una posición animista (https://www.researchgate.net/publication/229974722_Mad_Thoughts_on_Mushrooms_Discourse_and_Power_in_the_Study_of_Psychedelic_Consciousness): tomando como analogía el *Babel-fish* de Douglas Adams, propone la posibilidad de que el hongo psilocibio sea una suerte de "traductor universal" para comunicarse con la naturaleza, de cuya vida vegetal emerge una suerte de conciencia distribuida a través de redes miceliales. No soy filósofo ni científico y para mí, hijo de la modernidad de finales del siglo XX, es difícil concebir la conciencia más allá de los parámetros individualistas y antropocéntricos en los que fui educado. Sí contemplo la posibilidad de que estos parámetros sean reduccionistas. No hace muchas décadas que entre gente educada se habría considerado una barbaridad decir que los animales tienen sentimientos o personalidad.

Una explicación más plausible dentro de los parámetros psicologistas dominantes en la modernidad occidental es que lo que te "habla" son proyecciones de la propia psique sobre objetos externos. En otras palabras, que lo que está ocurriendo es como una suerte de debate o intercambio de mensajes entre diferentes dimensiones de uno mismo. La experiencia del hongo tiene algo profundamente dramático en su confrontación de visiones y pensamientos a menudo contradictorios, pero que se sienten con muchísima certeza. Este toma y daca de mensajes le da a la experiencia una sensación de diálogo. Por eso no me sorprende que haya quien crea que en estos trances uno se comunica con los antepasados, con personas que han desaparecido de nuestras vidas, con la naturaleza o con Dios mismo.

Entonces, esta experiencia, a ojos abiertos, puede ser verdaderamente asombrosa, ponerlo a uno en la misma posición de un bebé o un niño experimentando la maravilla y la sorpresa de la naturaleza por primera vez. Puedo decir que lo más bello que he visto en mi vida ocurrió bajo los efectos de la mescalina en una ingesta de huachuma o cactus de San Pedro en el Levante español: el despliegue de unos elaborados patrones de líneas sobre unos riscos de color amarillo dorado. Dicho así, no parece gran cosa, pero la visión sorprende, te penetra y te presenta a la naturaleza de una manera que jamás habías podido apreciar. A Aldous Huxley le ocurrió con una simple silla, según explica en *Las puertas de la percepción*. No me parece menos sorprendente que a mí me ocurriera con un paisaje mediterráneo.

La experiencia no se limita a estas visiones, que van de lo trivial a lo asombroso. Como ya he dicho, las visiones abren la puerta a un estado más introspectivo, emocional, abierto, vulnerable. Son la antesala a una percepción renovada de uno mismo, del lugar y conexión de uno con lo que lo rodea, facilitan un reencuentro con traumas o momentos difíciles del pasado, con el mismo impacto emocional, pero desde la seguridad que ofrecen la distancia o una comprensión más adulta de las cosas.

Otra modalidad de la experiencia visionaria sería a dosis más elevadas (3 gramos o más de psilocibe cubensis secos) en un espacio recogido y seguro[23], con los ojos vendados y una banda sonora inmersiva. No es mala idea tener algunos estímulos sensoriales cerca (flores, arte, fotos de personas o recuerdos queridos)[24] o una compañía amistosa o querida en proximidad, con la que poder descansar del viaje en la oscuridad, que puede ser en ocasiones abrumador.

¿En qué consisten las visiones en dosis más altas o "heroicas"? La experiencia suele durar de dos a seis horas, según la dosis total y su distribución, y suelen alternarse visiones más abstractas con otras de contenido más concreto. Las más abstractas suelen ser patrones de cenefas, líneas o formas geométricas, a veces extremadamente regulares cuyo color, forma o movimiento puede variar a ritmo de la música. En dosis elevadas estas formas pueden volverse mucho más irregulares y abigarradas. En alguna ocasión sobrevolé un paisaje bastante simple compuesto por líneas de colores que brillaban en la oscuridad y parecían vertirse sobre una negrura profunda. Entonces sentí que así era morirse y me pareció un estado de gran belleza y tranquilidad.

---

23. Sustancias como la psilocibina pueden entorpecer ligeramente el aparato psicomotriz, por lo que comúnmente se desaconseja conducir o ponerse en lugares altos. Yo recomiendo ponerse a buen recaudo de un exceso de estímulos exteriores, especialmente la presencia de personas ajenas a la experiencia, gritos o conversaciones en voz demasiado alta, o música perturbadora. Como ya he dicho más arriba, y no dejaré de insistir, la mayor parte de "malos viajes" suelen producirse por desatención al contexto.

Estas abstracciones pueden alternar con visiones un poco más concretas. Puede tratarse de paisajes o animales extraños, habitáculos en lugares desconocidos, animales u ojos que te observan. También revives episodios pasados que te parece experimentar desde otra perspectiva. Estas visiones suelen tener una consistencia bastante similar a la de los sueños, con frecuencia sobre un fondo negro (aunque también he visto paisajes diurnos o abstracciones coloridas). Es decir que generalmente no "ves" nada con la claridad física que tienes tú ahora mirando esta página o echando un vistazo alrededor de donde te encuentres ahora.

Sin aburrir al personal con los detalles concretos de mis visiones, puedo decir que se siente con mucha viveza la presencia de uno mismo en un ciclo de vida-muerte, que se siente y se acepta como natural y necesario. Se evocan sentimientos y experiencias difíciles del pasado con una viveza dolorosa, pero, como ya he dicho, con una perspectiva y comprensión renovadas que facilitan la reconciliación con uno mismo y con quienes nos han hecho daño. Es importante apuntar "con uno mismo", porque igual que uno puede adquirir una versión más comprensiva de sí, también puede llegar a verse uno, sin filtros, en los momentos más cuestionables. Antonio Escohotado solía advertir que las únicas personas que deben temer a la experiencia psicodélica son aquellas que viven engañándose a sí mismas. Si esto es verdad, puedo ofrecer una contrapartida feliz a esta sentencia: que los autocríticos feroces y los depresivos recalcitrantes pueden encontrar en la psilocibina un alivio temporal o incluso una paz duradera.

A lo mejor esa paz es el mismo Reino que se prometió a esos "pobres de espíritu". Es necesario también considerar la dimensión religiosa de estas sustancias. Los estados alterados forman parte de los ritos religiosos por lo menos desde el neolítico y, a día de hoy, continúan siendo parte fundamental en muchas prácticas tradicionales y religiones. Para mucha gente, estas sustancias favorecen estados de comunión con la naturaleza, con el colectivo social, o con la humanidad en pleno. Otros las usan para entrar en una suerte de éxtasis o comunión con lo sagrado o lo divino. La literatura psicodélica abunda en descripciones de estados extáticos, de paz profunda, sustracción del espacio-tiempo, o de comunión con algo sagrado o divino que no difieren demasiado de la literatura mística de algunas de las grandes religiones del mundo.

Como ya señalé, en algunas comunidades de usuarios de ayahuasca y DMT (N-dimetiltriptamina) se suele hablar del encuentro con una "entidad", que puede tener diversas formas: un insecto, un reptil, un bromista, un alienígena... Muchos hombres reportan que esa entidad tiene energía femenina, y viceversa. Puedo afirmar que algunos de mis viajes con psilocibina me han producido una sensación muy viva de estar siendo observado o de estar en contacto con alguna suerte de Entidad, casi nunca antropomórfica. En las experiencias con ojos abiertos, casi siempre suele manifestarse como una pluralidad, con un toque femenino cuando está ligada a los árboles, masculino cuando está ligada a las rocas. A ojos cerrados, ha aparecido en una ocasión en forma de roca, en forma de raíces, como una suerte de mago con el rostro oculto, o como formas abstractas, geométricas, bidimensionales o tridimensionales, no pocas veces con ojos y bocas.

Otros regalos que han venido con esta experiencia han sido instantes de paz suprema en los que me ha parecido estar fuera del espacio y del tiempo. Vienen acompañados de algún elemento visual que sólo he podido explicarme como la forma que mi cerebro tiene de dibujar esa paz profunda que siento adentro.

Algunas precisiones: primero, que no se trata de estados a los que no se pueda acceder de otras formas. Meditadores expertos o deportistas de élite describen sentimientos así en sus momentos de dedicación más intensa. Entiendo que algunos psicoactivos ofrecen una vía rápida para aquellos que somos menos disciplinados o aptos. Segundo, el trayecto para llegar a esos espacios de paz puede ser atroz, agotador o ambas cosas. Por último, debo apuntar que no siento una necesidad o urgencia física por volver a esos estados, o que sienta que al volver me he dejado algo en ese mundo. Es más bien lo contrario: vivo con la tranquilidad y la esperanza que dan saber que estos estados de gracia son posibles.

Don Lattin (*La nueva medicina psicodélica*) dice que la intensidad de la experiencia se va, pero, mediando una integración apropiada, su sentido permanece. Un tópico común sobre las drogas dice que el usuario siempre va a la caza de la sensación inicial. Puedo asegurar que no ha sido así en mis experiencias con drogas visionarias. Representaciones que me han abrumado en una sesión han reaparecido en la siguiente bajo una forma mucho más asumible. ¿Es que "se perdió la magia" como dicen? No es como la primera vez, pero a mí eso me parece bueno, pues implica que ese contenido ya ha sido integrado. Uno de esos "estados de paz" que mentaba antes puede haberme dejado tirado de espaldas la primera vez, preguntándome qué diablos ocurrió. En instancias renovadas ha aparecido como una sensación asumible en la que he podido permanecer por más tiempo.

Este recuento de mi experiencia sería incompleto si no mencionara la belleza de los aterrizajes, al menos con psilocibina, la sustancia con la que más he experimentado. Cuando el oleaje visual y el torbellino emocional comienzan a asentarse, el hongo te deja como regalo una sensibilidad inusual. Una mesa de picnic en un parque ha tenido un tacto indefiniblemente suave sobre mi mejilla y la palma de mi mano. He visto un paisaje sobre los viñedos de Napa, California, como los podría haber pintado el más avezado postimpresionista. He visto un atardecer con rojos y violetas de otro planeta en las sierras de Oaxaca. He estado envuelto en el interior mismo de la música, percibiendo la riqueza de cada efecto sonoro hasta el punto que habría dicho que estaba en el estudio de grabación mismo, o compartiendo espacio con un coro, o que las mismas notas se agitaban delante de mí y movían mi ánimo con cordeles.

Drogas "blandas" y legales: algunos matices

Como mucha gente de mi generación, ya había tenido experiencia con el cannabis, siempre por invitación. Sus efectos han sido, con algunas excepciones, casi siempre nefastos: taquicardia, dolor de cabeza y, en algunos casos, ansiedad y paranoia difíciles de controlar. Entiendo que estos efectos pueden deberse primordialmente a mi propia intención al consumirlas, mi condición física y mental, y el contexto en que me encontraba. Entre las excepciones, recuerdo dos experiencias memorables en buena compañía en un desierto californiano y una playa costarricense. También entiendo que mi experiencia personal no me brinda excusa, ni a mí ni a nadie, para tratar de prevenir su uso y disfrute a otras personas mejor dispuestas a esta sustancia.

Es más, ni la marihuana ni ninguna de estas sustancias "ilegales" de las que trato aquí me han causado la soledad y perjuicio físico del tabaco durante doce años de mi juventud. De manera menos dramática, pero insidiosa, un uso inmoderado de cafeína dio lugar a un estrés permanente y problemas de sueño durante mi época de estudiante. Aunque es difícil de establecer, creo que mi uso problemático de cafeína y nicotina me dejaron de recuerdo un desarreglo estomacal crónico. Doy gracias, porque podría haber sido mucho peor.

En cuanto al alcohol, no debo haberme emborrachado con él más de diez o doce veces en toda mi vida, una cantidad risible si me comparo con el estudiante típico en mi país de residencia, los puritanos Estados Unidos. Una o dos ocasiones fueron tremendamente divertidas, pero la mayoría tristes o enojosas. Algunas podrían haber tenido consecuencias nefastas y casi todas dieron paso a mañanas infernales. Todo eso fue en mi juventud. Más adelante, durante tres de los seis años que duró mi depresión, mi uso "moderado" de alcohol se convirtió en un hábito casi diario. Aunque no llegó a interferir con mi vida, creo que faltó poco.

Me detengo en esto porque me causa tristeza y desazón que mucha gente próxima, a la que mi experiencia con estas sustancias "legales" le parecería perfectamente "normal", se llevaría las manos a la cabeza si supiera de mi experiencia con psicoactivos naturales (psilocibina, mescalina) o sintéticos (el MDMA). Sí he recibido y escucho con interés algunas críticas razonadas de gente que sé que me quiere y se preocupa.

Efectos

¿Ha valido para algo? No le dedicaríamos tanto tiempo a hablar y escribir sobre ello, yo y tantos otros que hemos pasado por estas experiencias, si no hubiera sido así. Yo tenía diagnosticadas varias condiciones: depresión, ansiedad crónica, estrés postraumático. No sé qué dicen de mí realmente estos diagnósticos, acaso producto de la manía de la medicina moderna por ponerle nombre a cualquier desarreglo. No hay una distinción neta entre estar mentalmente sano o enfermo, y de hecho los criterios para distinguir ambas condiciones también han sido histórica y socialmente contingentes. Yo era un sujeto funcional, cumplía con mi trabajo, tenía mis relaciones, algunas aficiones, pero padecía una profunda soledad y desajuste con mis circunstancias, unidos a un desprecio profundo por mi persona y una tremenda decepción con lo que me había ido encontrando en la vida y las decisiones que había ido tomando. Todo ello daba lugar a un juicio inflexible sobre mí mismo. Nada bueno me llenaba y cualquier cosa mala me hundía. Me preguntaba por qué no podía ser normal. Simplemente, a los cuarenta y pocos ya no esperaba nada de la vida.

Probé con psicoterapia y tratamiento farmacológico. La psicoterapia me daba una comprensión racional de mi persona y mi situación, pero no de una manera que realmente transformara mi estado anímico. Nunca llegué a durar dos meses con fármacos antidepresivos pues, o bien hacían de mis tripas una salsa, o los cambios eran demasiado tenues como para justificar su continuación. Creo que a la larga mi resistencia al tratamiento farmacológico habitual ha sido una bendición.

¿Cómo describir el mundo después de mi primera toma de psilocibina? Imagina que estás tratando de avanzar por un barrizal que te cubre hasta la cintura. De repente te alzan y te ponen sobre una plataforma de material firme. Sigues rodeado de barro, sigues teniendo problemas y hay cosas en tu vida que no son como tú quisieras, pero de repente aprecias estas circunstancias desde una posición más segura. Debo apuntar que en el curso de esta búsqueda he gozado de circunstancias muy privilegiadas: tiempo y dinero para viajar (física y mentalmente) y reflexionar sobre el sentido de esta experiencia. Todo ello con el apoyo de una psicoterapeuta y largas conversaciones con amistades muy queridas.

No es un remedio mágico. He tenido fases en las que he vuelto a sentirme hundido, por lo general de corta duración (uno o dos días) coincidiendo con algún desequilibrio físico o una situación poco ideal. La diferencia es que lo que antes era la tónica de mi vida ahora es una situación ocasional. Aún en dos secuencias un poco difíciles anímicamente, sentía que solo era un bajón temporal, que había abierto los ojos y no podía volver a cerrarlos.

¿He cambiado? No en lo esencial. Como anécdota, a poco de volver de una dosis "heroica" en Arizona, una amiga con la que mantengo contacto telefónico comentó que mi voz había cambiado. Algunos allegados me han manifestado que desde mis experiencias desprendo más seguridad y calma. Pero creo que sigo siendo la misma persona. Mi ideología política no ha cambiado. Las cosas que me parecen injustas o las que me irritan siguen siendo las mismas. Me fijo mucho más, visual y auditivamente, cuando paseo por un parque. Me fascinan los árboles pelados. Han cambiado un poco mis gustos musicales en el sentido de que géneros que no soportaba, como el minimalismo, ahora de repente tienen un punto, y he vuelto a otros que había abandonado hacía tiempo, como el trip hop y la electrónica. El jazz y el blues clásico, centrales para mí durante años, se han vuelto en cambio un poco difíciles de tolerar. No tanto el blues rock.

En lo tocante a aspectos concretos, he notado un descenso abrupto en síntomas depresivos (aunque no han desaparecido), paso menos tiempo cuestionando decisiones recientes o en el pasado remoto, ya no soy tan duro en mi apreciación de mí mismo, me he permitido perdonar a mucha gente por males causados y esto me ha permitido perdonarme a mí mismo por muchas otras cosas. Soy más paciente, acepto las cosas con más calma y me siento más agradecido en general.

En cuanto a síntomas más tangibles, mi consumo de alcohol ha descendido considerablemente. Sigo bebiendo en buena compañía. Duermo mucho mejor, con la ayuda ocasional de un antihistamínico. Mis dolencias digestivas siguen ahí, aunque con menos intensidad.

Me doy por satisfecho por el tiempo que he tenido ya en este mundo (45 años) pero si he de vivir hasta los 90, acepto esta posibilidad encantado. Esta es una perspectiva diametralmente opuesta a la que tenía antes de mis primeros encuentros con los hongos psilocibios, aquejado por un cuadro depresivo de más de seis años de duración. Como cualquier persona tengo mis debilidades, y no querría dejar este mundo de una forma violenta o dolorosa, pero he hecho las paces con la muerte y la soledad como partes constitutivas de la existencia misma. Esto me hace sentir más vivo que nunca.

En suma, he mencionado tres diagnósticos más arriba. No me considero depresivo ya, y mi terapeuta concuerda. El MDMA ha sido clave para ayudarme a resolver algunas situaciones abusivas que viví en la infancia, aunque continúo identificando algunos síntomas característicos de trastorno por estrés postraumático (TEPT). En cuanto a la ansiedad, sigo siendo un saco de nervios y tengo una tendencia a preocuparme, aunque no recuerdo haber pasado por una situación crítica o que los contratiempos se me hagan el fin del mundo. Por usar una analogía bélica, si lo mío fuera una campaña en tres frentes, soy optimista y, sin prometerme nada, diría que esta guerra la estoy ganando.

Y hablando de promesas... Sigo armándome grandes líos en cuanto a la toma de decisiones. Cuando esto sucede, me gusta recordarme una promesa que recibí en una de mis visiones: dicho crasamente, que no importa cuánto la cague, al final todo estará bien.

No todo es maravilloso

Esta breve memoria sería incompleta si no diera cuenta de algunos aspectos menos gloriosos de esta experiencia. El más inocuo, y relativamente frecuente, es el de las ingestiones sin efecto. Antes de mi primer viaje exitoso, tuve tres intentos con psilocibina en solitario que fallaron, creo que por faltas de claridad en la intención y de atención al contexto. Hasta ahora no he conseguido una experiencia efectiva con salvia divinorum, más allá de algunas sensaciones muy perturbadoras y algunos destellos visuales. Mi única mala experiencia hasta ahora ha sido con esta sustancia, aunque para ser franco creo que se debió más a una falta de control por parte de mi facilitadora que a la planta como tal.

Se suele achacar los malos viajes a una falta de atención a la intención y el contexto. He tenido ocasión de testimoniar un par de situaciones bastante malas que habrían podido degenerar fácilmente de no haber sido por la presencia de guías que sabían lo que hacían. Una la protagonizó un estereotípico (para mí) estadounidense blanco de clase media. Parecía buena gente, aunque en nuestra breve interacción me dio la impresión de ser alguien que se guiaba por sus apetitos y que hacía lo que quería cuando se le ocurría. Rompió varias reglas de la ceremonia. Primero, mala preparación: según me contó después, llegó después de un almuerzo de negocios en el que había comido demasiado. Segundo, distraerse y romper con las reglas del contexto ceremonial. Ya bajo los efectos, en un espacio separado por sexos, cruzó la sala para decirle a una conocida que la quería, proposición que ella no recibió bien en una circunstancia así. Al cabo de unas pocas horas el pobre hombre estaba retorcido en el suelo viviendo un pavoroso ataque de pánico y vomitando sobre un cubo con la ayuda de los guías. Temo estar juzgando demasiado al pobre hombre. No sé qué sentimientos lo poseyeron, pero posiblemente un poquito de atención y cuidado le habrían ahorrado una experiencia traumática.

En una ceremonia semejante a la que menciono más arriba, una primeriza que tuvo una preparación de manual e ingirió dosis bajas quedó prostrada por la mayor parte del día. Que sean sustancias que, bien usadas, suelen hacer bien, no significa que le sienten bien a todo el mundo, o que no lo puedan llevar a uno a espacios mentales muy desagradables. Es por eso que una compañía amistosa o, por lo menos fiable, es esencial en estas experiencias, como lo debería ser poderse servir de servicios de salud sin temor a consecuencias legales.

Una sentencia común en los espacios psicodélicos es "no hay malos viajes, hay viajes difíciles". Confieso que por un breve tiempo comulgué con esta insensatez. La verdad es que un mal viaje puede sorprender a cualquier viajero avezado, y uno particularmente malo puede ser traumático. Es un riesgo que yo estoy dispuesto a aceptar, como algunos deportistas o profesionales libres aceptan los suyos.

Particularmente en el caso de los sintéticos, suele decirse que lo que te dan por un lado te lo quitan por otro, y así lo he verificado en mi caso. Al día siguiente de mis ingestas de MDMA me he sentido, tres de cuatro veces, de mal humor y con deseos de estar en el sitio que había dejado. Nada que no haya pasado con un poco de integración a través de la escritura, aunque observo con cautela lo que a mí me parecen síntomas de abstinencia. Mis lecturas y otros usuarios más avezados me aseguran que ese mal humor se debe a una descompensación en el flujo de serotonina en el cuerpo —el famoso "bajón", que bien podría ser un mito (https://www.ladbible.com/news/mdma-doesnt-cause-comedown-research-suggests-20220223).[25] Es preciso tomar en cuenta también que el

---

25. Escribí estas líneas en enero o febrero de 2022. Quiero mantener el texto igual porque es la reflexión de un primerizo que se acerca al aniversario de su primer viaje. Ya en agosto he participado en tres ingestas más de MDMA, en grupo o en pareja. Ninguna ha tenido "resaca" posterior. Creo que una buena intención, buen contexto, hidratación cuidadosa han sido esenciales para ello. Muchos recomiendan la ingesta de suplementos como 5-HTP o N-Acetil-Cisteína por unas semanas después de una ingesta para ayudar a reconstituir el sistema serotoninérgico, pero yo no soy médico ni nutricionista.

MDMA posiblemente tiene efectos neurotóxicos, aunque todavía faltan investigaciones conclusivas (otro de los nefastos efectos de la prohibición) sobre los efectos a largo plazo de su uso moderado[26].

Con esto quiero decir que a las drogas se les puede aplicar aquel famoso eslogan de educación sexual de mi juventud: "Es divertido, pero no es un juego". Las drogas, como el placer sexual, son divertidas y acaso necesarias para una vida más plena, y como en el sexo existen usos problemáticos o peligrosos. Prohibir, restringir severamente, o dar licencia de vigilancia y castigo a agencias que no deberían tener ninguna autoridad en esas materias, como se ha hecho tradicionalmente, causa realmente más problemas y sufrimiento de los que pretenden prevenirse. Una de las estrategias del aparato represivo ha sido la delirante desinformación que ha circulado a través de autoridades políticas, instituciones y medios, que luego la sociedad repite de forma memética y retroalimentada a través de topicazos con poca o ninguna base. Creo que será bueno detenerse en ello.

---

26. Según mis lecturas entre comunidades de usuarios, se considera un uso "seguro" ingestas espaciadas entre tres y doce semanas, según la fuente. El protocolo de MAPS para los tratamientos para estrés postraumático espacia las sesiones entre tres y cinco semanas pero las limita a tres en total. Existe bastante acuerdo en que los usuarios habituales deben poner más espacio entre ingestas, alrededor de ocho semanas de media por lo menos. En el ámbito científico, por desgracia, la mayoría de estudios sobre efectos a largo plazo de MDMA solo se enfocan en usos abusivos como ingestas habituales los fines de semana. Aunque el potencial adictivo del MDMA es relativamente bajo comparado con otros psicoactivos, sí se sabe que el cerebro se vuelve tolerante de manera rápida y duradera, lo que lleva a usuarios habituales a aumentar la dosis (y con ello su potencial neurotóxico) o simplemente a abandonar la sustancia. Este es el tema, por cierto, de la bella y melancólica canción "The Drugs Don't Work" de The Verve.

Luces y sombras del renacimiento psicodélico

5
Tópicos contra las drogas visionarias

Vivo en un país, Estados Unidos, cuya cultura puritana ha lanzado contra las drogas un pesado aparato securitario que brinda tremendos beneficios a un entramado de corporaciones médicas, carcelarias y armamentísticas, así como oficiales y consultores en diversos ramos de la salud, la ley y el orden (para casi todo menos para información y asistencia). Al mismo tiempo, es un país donde se manifiestan algunos de los peores extremos del capitalismo, se valora el rendimiento hasta un punto que no se tiene empacho en prescribir por largos períodos de tiempo anfetaminas a niños supuestamente hiperactivos, opiáceos para trabajadores lesionados, así como fuertes antidepresivos, especialmente en la clase de inhibidores de recaptación de serotonina (en esto último, por cierto, España no va muy a la zaga). En un marco así, llama la atención la vigencia de algunos tópicos contra esta clase de drogas.

A continuación comento algunas objeciones que me han planteado propios y extraños. Debo recordar de nuevo que no soy médico y lo que sigue son opiniones personales basadas en mi experiencia, la compartida con otros practicantes, y mis lecturas.

"Son peligrosas"

Cualquier practicante mínimamente serio está de acuerdo en que la ingestión de psicodélicos sin atender a la intención y el contexto puede ser traumática o incluso peligrosa. Por otro lado, no se ha documentado ninguna muerte en el curso de experimentos médicos controlados con LSD, psilocibina, MDMA, peyote y similares. Sí se han documentado algunos fallecimientos en usos ceremoniales y recreativos. Como cualquier psicoactivo, el consumo de psicodélicos puede ser peligroso si no existe un control sobre el contexto: el entorno físico y social de la ingesta, las condiciones del sujeto que las ingiere y, sobre todo, la combinación con otros psicoactivos.

Los casos más publicitados suelen enfatizar la sustancia como factor causante e ignorar todo elemento contextual de una forma que a mí me recuerda a la psicosis colectiva que se desató en España tras el infame "crimen del rol" (https://es.wikipedia.org/wiki/Crimen_del_rol). La prohibición de los hongos psilocibios en Holanda, por ejemplo, se debió a la activa campaña de una política francesa después de que su hija se lanzara a uno de los canales de Amsterdam después de una ingesta. La campaña contó con el obediente apoyo de la prensa de los dos países, sin tomar en cuenta el complicado historial psiquiátrico de la joven, que casi todos los incidentes graves con psilocibina se han producido en combinación con otras sustancias, ni una comparación con los numerosos casos de suicidio que ocurren en adolescentes en tratamiento con antidepresivos y bajo supervisión médica.

En España se publicitó mucho la muerte del fotógrafo José Luis Abad tras un ritual con el veneno de sapo bufo (componente activo 5-MeO-DMT), en buena medida por el morbo que le daba al caso la participación del exactor porno Nacho Vidal. De nuevo, los medios ignoraron la copresencia de cocaína en el sistema del fallecido, su historial de diabetes, su elevado índice de colesterol y el posible estrés causado por haber combinado el uso de esta sustancia con una sesión de temazcal[27].

No se puede culpar a la familia por buscar un factor causativo concreto que explique la muerte de un ser querido. Pero no podemos tener buena información cuando los medios proveen titulares escandalosos, análisis rápido, descontextualizado y superficial, acompañado de las sempiternas banalidades de los opinadores en plantilla. Tampoco podemos tener buena regulación cuando los políticos viven pendientes del último barómetro de opinión.

---

27. El temazcal es un baño de vapor característico de numerosas culturas indígenas americanas, bien con fines medicinales (más cortos) o para producir experiencias visionarias (más largos). Está contraindicado para personas con riesgos cardíacos.

Es una perogrullada, pero hay que repetirlo. El consumo descontrolado de alcohol es extremadamente peligroso. Es un factor en accidentes vehiculares, violencia intrafamiliar, de pareja y suicidio. Elementos contextuales como problemas mentales, dolor o cansancio físico, presiones ambientales, o la mezcla de sustancias, contribuyen a agravar sus efectos nocivos. Nadie lo prohíbe, ni los medios agitan escándalos morales en su contra. Esto se debe en parte a un uso culturalmente normalizado en las sociedades modernas. Esta normalización nos permite asumir que la educación social, el control de calidad y las condiciones de consumo y venta, así como el apoyo a adictos, son condiciones de reducción y prevención de daños mucho más efectivas que la prohibición tajante.

Un subargumento de "son peligrosos" es "no conocemos los efectos a largo plazo". Esto es sólo parcialmente cierto. Si nos falta más documentación acerca de los efectos a largo plazo, ello se debe precisamente a que la prohibición dificultó la investigación institucional sobre estas sustancias. Sin embargo, a estas alturas tenemos abundante información anecdótica sobre usuarios de psicoactivos que vivieron vidas largas y lúcidas, empezando por los mismos practicantes en las tradiciones indígenas. En el ámbito occidental, los casos más conocidos tal vez sean el mismo inventor del LSD, Albert Hoffman, y el escritor alemán Ernst Jünger. Ambos vivieron hasta los 102 años, el segundo con metralla en el cuerpo. Pasado más de medio siglo de la era del hipismo y la contracultura en los 60 y 70, los numerosos usuarios de ácido lisérgico y otras sustancias visionarias que han llegado a la senectud no presentan condiciones comunes achacables al uso de estas sustancias.

Se puede argumentar también que la proliferación de análogos químicos (comúnmente llamados "drogas de diseño") con el fin de sortear las prohibiciones legales, representa una amenaza para la salud pública. Efectivamente, es posible adquirir legalmente en la Unión Europea una gran cantidad de sustancias análogas a psicoactivos que están explícitamente prohibidos. En algunos estados miembros, una ligera alteración en la composición química permite sortear prohibiciones. Existen numerosos consumidores de estas sustancias, y son tan diversas que ello dificulta el acopio de información estadísticamente útil sobre los efectos de cada una sobre el cuerpo humano. Pero la invención y producción de análogos está precisamente incentivada por el marco legal prohibicionista. Habrá curiosos de nacimiento que se lancen con alegría a hacer de su cuerpo un laboratorio para experimentar con análogos, pero el principal factor motivante es la ausencia de medios legales para hacerse con la sustancia "original" o más conocida.

"Son adictivas"

Esto es bastante falso en lo tocante a la mayoría de drogas visionarias. Es posible volverse adicto a cualquier sustancia. Esto incluye las que secreta nuestro propio cerebro en respuesta a estímulos externos o conductas repetitivas. Sin embargo, el bajo potencial adictivo de sustancias visionarias como la mescalina o el LSD, inferior al del tabaco o la cafeína, se conoce incluso desde antes de la manía prohibicionista[28].

Puedo hablar de mi experiencia de primera mano con la psilocibina. En mi caso casi siempre he terminado satisfecho y con mucha paz interior. En unos pocos casos habría deseado que durara más, por haberme encontrado en un punto particularmente revelador al iniciar el retorno. Siempre termino tan exhausto mentalmente que no he sentido deseos de repetir al día siguiente (acaso con una excepción, cuando la consumí junto con MDMA), y a la semana siguiente tampoco.

Es más, la psilocibina genera tolerancia de forma casi inmediata de modo que una ingesta repetida requeriría tomas más altas[29]. Por la información que he recogido en foros de usuarios, los más habituales suelen espaciar las tomas en dos semanas ya que la tolerancia desaparece en aproximadamente 11-18 días. Aquí me gusta usar la analogía con el corredor de maratones.

---

28. Es un buen momento para recomendar Spanish Trip (https://estadosextraordinarios.substack.com/p/spanish-trip) del historiador Juan Carlos Usó (https://es.wikipedia.org/wiki/Juan_Carlos_Us%C3%B3), que da detallada cuenta de las investigaciones sobre psicoactivos en España a mediados del siglo pasado.

29. Es importante recordar la distinción entre tolerancia y adicción. Hay personas genéticamente tolerantes al alcohol, que requieren dosis más elevadas para que tenga un efecto psicoactivo sensible, mientras que otras se sienten afectadas al primer trago. La nicotina, además de tener un elevado potencial adictivo, genera mucha tolerancia, razón por la cual los adictos tienden a consumir más hasta que se estabilizan en una dosis cada 45-60 minutos (el consabido "paquete diario").

Los habrá habituales, pero pocos que lo hagan a diario[30]. Por mi parte, suelo espaciar las tomas entre 4 y 8 semanas, aunque en una ocasión me demoré cuatro meses.

"Conducen a un estado anormal" o "No eres tú mismo"

El estado alterado, inducido o accidental, forma parte de nuestra vida. Desde la teoría behaviorista, los humanos nos encontramos habitualmente expuestos a estímulos que nuestro cerebro reconoce como amenazas potenciales y nos hacen sobrerreaccionar. Cuando estos estímulos son tan reiterados (un jefe abusivo, un entorno familiar o social maltratador, un trabajo peligroso o estresante), inducen cambios conductuales permanentes que el entorno social termina por asumir como el temperamento o personalidad de alguien.

Por eso, "No eres tú mismo" es otro argumento que suele esgrimirse contra psicoactivos de todo tipo. Me parece, *prima facie*, un argumento inválido. Si, como en el caso típico del alcohol, se consumen sustancias con la finalidad de ocultar o adormecer los síntomas de una condición en lugar de atacar sus causas, en ese caso diría que es un uso errado o abusivo. Pero cuando el estado alterado revela deseos o dimensiones de la personalidad reprimidas, nos encontramos con una situación que merece examinarse en el proceso de integración.

"No eres tú mismo", sin más, me parece la declaración de una falsa conciencia. La identidad que nos construimos es un proceso social y discursivo que tiene lugar a lo largo del tiempo. Familia, territorio, lengua, religión, raza y grupo étnico, clase socioeconómica, modelos culturales y un largo etcétera de factores determinan manifestaciones como la afinidad política, el idiolecto y los lugares comunes a los que recurrimos, la expresión afectiva, etc. Nuestra identidad no es tan "nuestra" como el producto de una negociación e integración en un entorno social que

---

30. El antropólogo Julio Glockner (La mirada interior, Debate, págs. 223-243) recoge el caso de don Epifanio Contreras, que afirmaba haberlos consumido una vez al día y durante un año para prepararse para ejercer como curandero. En el cuarto episodio de la primera temporada de la serie Hamilton's Pharmacopoeia aparece un curandero y cultivador mazateco que afirma consumirlos a diario. En casos así me pregunto si la sustancia hace efecto realmente.

estructura nuestra existencia, pero también, con no poca frecuencia, limita y oprime, dando lugar a sentimientos de vacío, alienación, cuando no actitudes patológicas. Lo mismo ocurre con los deseos que, como ya demostró la psicoterapia hace mucho, no son tan "propios" como inspirados por entornos familiares y sociales.

Por supuesto, no puede ser de otra manera, pues no podemos existir ni desarrollarnos en una concha solipsista. Que la identidad sea "construida" no significa que sea "falsa". La falsedad si acaso radica en insistir que esta construcción es un desarrollo natural o intrínseco del sujeto. Precisamente las drogas visionarias pueden ayudar a interrogarla en virtud de lo que algunos psiconautas llaman la "muerte del ego" que se experimenta con ciertas dosis elevadas. Esta "muerte" podría ser tal vez un desarme progresivo de esta construcción y los mecanismos de defensa que la mantienen en pie, tal vez de manera no muy diferente a como ocurre en los sueños, con la ventaja que durante el "viaje" se experimenta de una manera mucho más lúcida y se tiene una memoria bastante clara después del retorno. En mi experiencia, la psilocibina es una sustancia que induce a una introspección profunda, precisamente lo contrario de "no ser uno mismo".

"Son factores de desestructuración social"

A riesgo de caer en el excepcionalismo psicodélico, es preciso empezar apuntando que la conflictividad asociada a las drogas visionarias es mínima. Reconozco que esto puede deberse en parte a factores sociales: en Estados Unidos, y en España también, las agencias policiales y judiciales han elegido combatir con mayor denuedo sustancias asociadas a ciertos grupos étnicos y sociales con menos recursos para defenderse de la represión.

También es cierto que, por sus características (bajo potencial adictivo, bajo volumen y frecuencia de dosificación), simplemente hay poco volumen de negocio en comparación con otras clases de drogas.

Además, el consumidor de drogas visionarias por lo general no es violento.[31]

---

31. Sí existen informes de autolesiones y acciones violentas tras el consumo del psicodélico disociativo fenciclidina (PCP), aunque de nuevo, han tendido a ir acompañados de bastante sensacionalismo. El aparato propagandístico antidroga circuló por mucho tiempo la especie de que el LSD produce

Si tienen un efecto de "desestructuración social", se manifiestan en una mayor indiferencia a ciertos mandatos sociales o laborales. Por supuesto, a los dueños del capital les puede resultar amenazador que la gente común no sienta que su finalidad en la vida es hacerles más ricos todavía, pero esto es un inconveniente para ellos, no "desestructuración social". (Sí soy consciente de los peligros del llamado "capitalismo psicodélico" que discuto más adelante).

"Favorecen la evasión"

La evasión, en sí, no es mala. Lo es cuando se realiza sin intención o finalidad, como puede serlo una actividad tan aceptada socialmente como pasarse todas las noches viendo la televisión. Desde esta perspectiva, también son evasión beber sin más objetivo que olvidar o anestesiar un dolor, o encadenar encuentros sexuales o parejas sentimentales a través de apps de citas para tratar de cubrir un vacío.

Si has leído con atención hasta aquí, ya deberías intuir que la cultura de las drogas visionarias propende precisamente a lo contrario de la evasión. Elementos como la intencionalidad, el contexto y la labor de integración después del viaje, están orientados precisamente a que el buscador se contemple y se cuestione a sí mismo, y a que reconecte con el entorno humano y natural.

"Son sustancias peligrosas en manos de proveedores irresponsables o maliciosos"

Esta es la única crítica con la que estoy completamente de acuerdo y ya tenemos harta documentación al respecto, como los delirantes experimentos que tuvieron lugar bajo el proyecto MK-ULTRA (https://es.wikipedia.org/wiki/Proyecto_MK_Ultra) en Estados Unidos, las polémicas terapias del doctor Salvador Roquet (https://chacruna.net/salvador-roquet-remembered/) en México, o los abusos

---

"alteraciones en los cromosomas" o que el MDMA causaba "agujeros en el cerebro", informaciones completamente falsas. En lo tocante al PCP, igual que con la heroína o la metanfetamina, suele faltar una discusión madura que atienda a las condiciones de uso.

sexuales del taita Orlando Gaitán (https://radioambulante.org/audio/13-lunas-partes-1-y-2) en Colombia, por nombrar solo algunos de los casos más conocidos.

Algunas drogas visionarias pueden producir estados altamente sugestionables en algunos individuos, mientras que algunas visiones pueden inspirar megalomanía o "complejo de chamán" en sujetos con inclinaciones narcisistas. La mezcla de ambos abre la puerta a numerosos tipos de abuso. Pero si la prohibición sirve para algo es precisamente para abonarles el terreno gracias a la clandestinidad, el estigma social y la relativa invisibilidad social de estas prácticas. Precisamente lo que contribuiría a atajar el potencial de abusos serían políticas más realistas, como la legalización de las sustancias sintéticas (LSD, MDMA) y la descriminalización de las orgánicas (hongos psilocibios, cactus del peyote o de San Pedro), acompañadas de regulaciones sensatas, control de calidad, códigos deontológicos y vigilancia comunitaria.

"¿Y qué hay de las contraindicaciones y los malos viajes?"

Aunque por lo general las drogas visionarias son bastante inocuas, se conocen contraindicaciones. Por ahora existe acuerdo en que la gente con trastornos psicóticos o disociativos no debería tomarlas. Por prudencia, los terapeutas clandestinos suelen excluir a pacientes cardíacos, así como personas que estén tomando inhibidores selectivos de retoma de serotonina (ISRSs), esto último por el riesgo teórico de síndrome serotoninérgico, que es letal en un 10% de casos.

En lo que se refiere al MDMA, existen indicios de neurotoxicidad y anhedonia en usuarios a largo plazo y todavía se debate en qué punto la frecuencia y la dosificación resultan perjudiciales. Esto, por cierto, se puede decir de una enorme cantidad de fármacos en venta al público, y no por eso los ilegalizamos ni impedimos la investigación científica. El alcohol, vale repetirlo, también es neurotóxico y además hepatotóxico. Y qué decir del tabaco inhalado habitualmente.

En lo tocante a los "malos viajes", algunos pueden ser traumáticos cuando no ha habido una preparación adecuada o cuando la ingesta ha tenido lugar en condiciones inapropiadas y no pocas veces en entornos desconocidos. De nuevo, la prohibición no previene, sino que aumenta, la posibilidad de estas ocurrencias por la desinformación a los usuarios, el ocultamiento en que han de tener lugar estas prácticas, y la falta de control de calidad y garantías sobre los proveedores. El estigma social dificulta que la persona que ha sufrido una mala experiencia pueda acudir a terapeutas o un entorno social comprensivo que pueda apoyarla. Es preciso reiterar que en las pruebas experimentales que se han reiniciado desde finales de los años 90 en países como Estados Unidos, Canadá, Reino Unido, Israel o España el porcentaje de experiencias negativas es muy bajo y todavía se han de reportar fatalidades[32].

"Sus usuarios son elitistas"

Esto, en la actualidad, es bastante cierto, pero no se debe a características intrínsecas de estas sustancias. En la era de la contracultura, por ejemplo, el LSD era una de las drogas más baratas que existían. Por sus características, los psicodélicos no son sustancias que generen un elevado volumen de demanda. Los usuarios frecuentes son raros y el potencial adictivo es bajo. ¿Cómo se ha convertido entonces en una cultura con barreras de entrada considerables, la sustancia de preferencia de los "techies" de la Bahía de San Francisco y turistas espirituales con tiempo y recursos para pasársela en retiros en Perú, Costa Rica, Jamaica o España?

Esto se debe en parte al *mainstreaming* y mercantilización de la cultura hippie, la diseminación de información por internet, medio informativo de preferencia de segmentos generacionales y sociales concretos, pero sobre todo por las decisiones que se tomaron en algunas comunidades cuando comenzó la prohibición. Los practicantes más visibles, por sus estridencias, fueron personajes como Tim Leary y Ken Kesey. Pero también había numerosos científicos, terapeutas, guías espirituales que tomaron la decisión de que, si iba a haber un resurgimiento, este pasaría por ganarse

---

32. Sí existen varios casos documentados de fallecimiento por ayahuasca en prácticas rituales, así como por ibogaína en clínicas de tratamiento de adicciones. Cabe apuntar que en estos últimos casos el adicto suele llegar ya bastante mal y que no es raro que mientan sobre sus antecedentes sanitarios para acceder al tratamiento. El podcast Cover Story también reporta un fallecimiento por psilocibina en un paciente con una condición cardíaca.

a las autoridades por la ruta de las aplicaciones médicas. Parece que así está sucediendo, aunque esto ha llevado a estas culturas a incorporar un aparato científico, capital y performativo en forma de laboratorios, clínicas, escuelas, retiros que inevitablemente sube los precios, todavía más cuando estas actividades tienen lugar más allá de los márgenes de la práctica clínica convencional.

Sí existen comunidades religiosas o reductos contraculturales que no imponen estos costos, pero ahí se restringe el acceso ante las dificultades que representaría un exceso de publicidad. Hasta ahora parece que el disfrute y propagación de estas sustancias está mayormente restringido a quienes puedan costearse caras terapias alternativas o retiros en algún país extranjero, generalmente Latinoamérica o el Caribe. De ahí la reputación de los psicodélicos de esnobs y excepcionalistas, que tratan de distinguirse de los usuarios de otras drogas por su insistencia en las finalidades terapéuticas y/o espirituales, y los elaborados protocolos intencionales que no pocas veces constituyen barreras de acceso socioeconómico.

Algo de cierto hay en ese tópico. Por ejemplo, cuando oyes al resabiado de turno cacarear que la "auténtica" experiencia de la ayahuasca requiere diez rituales distribuidos en dos semanas en un retiro en Iquitos, Perú. Esto es fardar y comunica que a esa persona la experiencia le sirvió de poco y que además tampoco sabe mucho sobre el brebaje y su historia[33]. Sí es cierto que por lo general las experiencias más significativas requieren un tiempo y dedicación que por ahora está al alcance de gente más privilegiada. Pero esto dice más de las prioridades y distribución de recursos en nuestra estructura social que de las sustancias como tales. No veo nada malo en disfrutar de un privilegio si no se abusa de él. Lo ideal, claro, sería extenderlo al máximo de población que pueda beneficiarse[34], de forma

---

33. En numerosas culturas ayahuasqueras tradicionales, por ejemplo, no era el paciente quien ingería la medicina, sino el sanador.

34. Hay otros ejemplos de este elitismo en la historia. Los misterios eleusinos de la antigua Grecia, que probablemente incorporaban drogas visionarias, estaban teóricamente abiertos a cualquier persona. En la práctica eran accesibles solo para hombres y mujeres libres que hablaran griego y pudieran pasar por el año y medio de preparación que exigían las familias que administraban el rito, así como costearse la peregrinación al lugar (hay indicios, sin embargo, de que algunas polis o patronos ricos "becaban" a algunos participantes).

sostenible, para que la sanación y la exploración sean un derecho y no un privilegio. Es preciso recordar que hubo un tiempo en que los retretes y el agua corriente también eran un lujo.

Por supuesto, la popularización conlleva un peligro real de que estas experiencias sean apropiadas y desvirtuadas por aparatos capitalistas de acumulación de valor y extracción de datos. El trabajo con sustancias sintéticas sería mucho más complicado de regular, pero en lo tocante a sustancias que se dan naturalmente en plantas u hongos, creo deseable y necesario su cultivo sostenible y la extensión de su uso a nivel comunitario a través de prácticas de sanación, rituales y de expansión de conciencia. Que sea posible adquirirlas y consumirlas en la botica del barrio y que sean propios de una vida mentalmente sana, como quien va al estudio de yoga, al masajista o al gimnasio, actividades que tampoco deberían estar limitadas a los pudientes.

Luces y sombras del renacimiento psicodélico

6
Tres corrientes del pensamiento psicodélico

En el discurso pro drogas visionarias pueden trazarse tres corrientes o líneas de pensamiento. El que viene irrumpiendo con más fuerza en medios de comunicación generalistas es el que yo llamaría médico o farmacológico. Se apoya sobre la afluencia de datos alentadores acerca de los efectos positivos del uso de ciertos psicoactivos como la psilocibina, la ibogaína, el DMT, el MDMA o la ketamina[35] para el tratamiento de condiciones como la depresión, adicciones o estrés postraumático. Algunos de los estudios más citados son los que han emitido la Universidad Johns Hopkins, la Universidad de Nueva York, el Imperial College de Londres, la sociedad sin ánimo de lucro MAPS (Asociación Multidisciplinaria para los Estudios Psicodélicos) o la Fundación Heffter. En España existen también laboratorios que estudian los usos terapéuticos de la psilocibina y el DMT (hospitales de Sant Joan de Déu y de Sant Pau en Barcelona, por ejemplo).

---

35. Habrá quien apunte, con razón, que ni el MDMA ni la ketamina son, en un sentido estricto, psicodélicos. El MDMA es un empatógeno que, como los psicodélicos, también interviene en el sistema serotoninérgico. La ketamina es un disociativo que se ha usado como anestésico y para el que ya hay usos contra la depresión aprobados por la Administración de Fármacos y Alimentación estadounidense. Las dos sustancias pueden tener efectos visionarios y por eso algunas comunidades psicodélicas incorporan estas sustancias sintéticas en su inventario de medicinas. Intelectuales como Carl Hart entienden esta flexibilidad como una de las características típicas del "excepcionalismo psicodélico". Pero la opinión mayoritaria considera que lo más relevante es la calidad de la experiencia y el objetivo con que se consume, y no tanto la composición química o los receptores neuronales a los que se adhieren.

Incluyo dentro del campo médico el surgimiento del llamado "capitalismo psicodélico", como viene llamándose a la entrada del capital riesgo y grandes inversores procedentes del mundo de las TIC que están tratando de repartirse y controlar el mercado que podría surgir de una probable legalización escalonada de estas sustancias. Es un producto de la aproximación farmacológica a la legalización que puede tener, creo, bastantes consecuencias indeseables.

Otro campo, que podría llamarse "ceremonial", "sacro" o "religioso", es el que entiende estas plantas y sustancias como un don divino y/o un medio de comunión con lo sagrado. Por lo tanto, tiende a plantear su ingesta desde una perspectiva más holística, enfatizando su contexto ceremonial, ritualizado, a veces devocional, generalmente en conexión con otras prácticas holísticas como el yoga, meditación, mindfulness, qi gong, ejercicios respiratorios, danza extática y un largo etcétera. Es la práctica favorecida en la gran mayoría de retiros que han proliferado como setas (tenía que decirlo), particularmente en países latinoamericanos y caribeños donde algunas de estas sustancias son legales y/o existe un profundo arraigo cultural (Perú, Colombia, México, Jamaica...), pero también en lugares donde se aprovecha la existencia de zonas grises en la legislación (algunos estados en EE.UU, Holanda, España).

En su práctica por las poblaciones de origen indígena, la práctica ritualizada tiene su arraigo en tradiciones antiguas, algunas milenarias: peyote, hongos psilocibios, ayahuasca, salvia de los adivinos. En sus versiones más occidentales, muchas de estas prácticas sagradas son más bien eclécticas, neochamánicas[36] o *new age*, aunque algunos líderes y practicantes de estos grupos no siempre lo reconozcan, o lo admitan con la boca pequeña. En ciertos contextos sociales la práctica sacra ha dado lugar a nuevas religiones con decenas de miles de practicantes como el Santo Daime o la União do Vegetal, así como un número desconocido de prácticas y sectas[37] sin nombre o reconocimiento oficial.

---

36. Sobre "neochamán", véase el apéndice sobre terminología.

37. Reconozco que el uso de "secta" en castellano es polémico, pero me cuesta encontrar criterios de distinción entre una religión y una secta que no sean el tiempo de existencia y el número de adeptos. Valga recordar que en sus orígenes el cristianismo era una secta judía. El Opus Dei mismo es una

Tres corrientes del pensamiento psicodélico

Si la vertiente médica es más científica en el sentido moderno del término, las conexiones académicas del campo religioso se dan en las ciencias sociales y humanidades (antropología, etnobotánica, estudio de las religiones, estudios latinoamericanos).

Aunque menos estelar desde un punto de vista publicitario, no puede faltar aquí la corriente que llamo, con cierta vacilación, "lúdica" o "recreacional", la más estereotípicamente "psicodélica" en las culturas occidentales. Entiende el uso de estas sustancias como un acto de conocimiento y expansión de la conciencia. Suele defender el derecho del individuo a alterar su estado psíquico o anímico según juzgue necesario y aun cuando exista un posible daño personal, siempre y cuando no perjudique a terceros. No rechaza el uso terapéutico ni la búsqueda de trascendencia, pero sí la noción de que exista una forma correcta o legítima de utilizar estas sustancias. A diferencia de las vertientes médica o sacra, no considera necesariamente los psicodélicos como sustancias excepcionales entre los psicoactivos. Suele abogar por la diseminación libre de información, políticas de reducción de daños o el uso recreativo en privado.

A pesar de denodados esfuerzos de medios e instituciones por denigrar a estos "lúdicos" como unos hippies, colgados, pasados de vueltas o simplemente yonkis, las cabezas pensantes de esta tendencia suelen venir de algunas ramas de la filosofía, la historia o el derecho. Muchos españoles reconocerán al simpar erudito Antonio Escohotado, autor de la monumental *Historia general de las drogas*, entre otros libros impagables. Otra valiosa autoridad es la jurista Araceli Manjón-Cabeza en España o, en Estados Unidos, un "arrepentido" de la guerra contra la droga como el incomparable Carl Hart, autor de *Drug Use for Grown-Ups*. Es un libro polémico, pero mejor documentado que los topicazos e incoherencias que los medios generalistas suelen reproducir sobre este tema.

Por supuesto, soy yo quien ha delineado estas tres categorías. No puede

secta católica, y podría, en las condiciones adecuadas, convertirse en una iglesia o religión aparte. En este artículo quiero usar la palabra "secta" de la forma más neutral posible, entendiendo que las sectas en sí no son malas. Sí lo es lo que hacen algunos de sus líderes y participantes, como también pasa con ciertas religiones más establecidas.

decirse que investigadores y defensores sobre esta sustancia se adhieran explícitamente a una corriente o "escuela". Muchos de los escritos de los primeros intelectuales que abogaron públicamente por la difusión de estas sustancias (Aldous Huxley o Albert Hoffman) se explayan por igual en las virtudes terapéuticas, la experiencia mística y el puro gozo que se llega a vivir con ellas, aun cuando no dejan de especular sobre sus posibles efectos perjudiciales. Lo que sí ha ocurrido en años recientes con el resurgimiento del interés por estas sustancias, y en vistas a la posible proliferación de su uso, ha sido la aparición de intereses que, se está viendo ya, conducen a un enroque en ciertas posiciones.

Soy de la opinion de que cada vertiente tiene argumentos sólidos y ventajas pero que, al mismo tiempo, una obcecación en una ortodoxia o corrección tiene el potencial de diluir, si no lo está haciendo ya, los bienes que este "renacimiento" pueda causar, acaso conducirlo a socavarse a sí mismo internamente, ya sea rindiendo su utilización para los propósitos de agentes con ánimo de lucro o, si las cosas se salen de cauce, prestándose a una nueva reacción prohibicionista.

Reconozco asimismo que la cuestión no puede zanjarse con una trivialidad como "todos tienen un poquito de razón", pues en las líneas discursivas trazadas por estos campos diferentes se entrecruzan otras cuestiones para nada triviales: el debate entre despenalización y legalización, la reciprocidad con practicantes tradicionales, justicia medioambiental para comunidades indígenas o la bochornosamente desatendida lacra del abuso sexual en prácticas terapéuticas y ceremoniales. En lo que queda de este ensayo reflexionaré sobre las "luces y sombras" en cada enfoque.

7
Corriente farmacológica: El cielo en pastillas

El potencial terapéutico de los psicodélicos no es ningún descubrimiento reciente. Desde la prehistoria vienen utilizándose en prácticas rituales de sanación, que persisten a día de hoy o que se han transformado a través de filtros impuestos por la modernidad capitalista.

Cuando empezó a estudiarse la mescalina en el ámbito científico, y tras el descubrimiento accidental de los efectos psicoactivos del LSD, la clase médica habló al principio de drogas "psicotomiméticas". Es decir, se creía (erróneamente) que replicaban ciertos estados patológicos como la esquizofrenia y de hecho se recomendó a los médicos que tomaran LSD para familiarizarse con los síntomas de esa enfermedad.

Otras investigaciones dieron lugar a resultados esperanzadores con respecto al alcoholismo. Tanto es así que Bill Wilson, uno de los cofundadores de Alcohólicos Anónimos, expresó esperanzas de que esta sustancia revolucionaría su tratamiento. Esto habría allanado el camino a una mayor respetabilidad de la sustancia. Por desgracia, Bill W., como se le conoce en EE.UU., también tuvo un problema de tabaquismo (la nicotina todavía era una droga "respetable" entonces). A medida que su salud declinó, fue abandonando el control de su organización, que fue sobrecargando el componente religioso y de conformismo social por el que hoy es tan criticada.

A partir de finales de los 60, la investigación con estas sustancias estuvo prohibida o muy restringida hasta las dos últimas décadas, en que ha recobrado un ímpetu inesperado. Ningún tratamiento en la historia de la psiquiatría ofrece las perspectivas que ofrecen psicodélicos como la psilocibina, el LSD y otras lisergamidas, el DMT y otras triptaminas, la mescalina, así como entactógenos como el MDMA y anestésicos como la ketamina. Es preciso señalar que esta perspectiva se difumina a medida que tratamos con plazos más largos y que existen dudas acerca del potencial neurotóxico de algunas sustancias, especialmente las sintéticas.

Aún así, los resultados que ofrecen los psicodélicos en número de tomas y reducción de síntomas a corto y medio plazo son abrumadores cuando se comparan con los que ofrecen los antidepresivos típicos como los inhibidores selectivos de recaptación de serotonina. Estos medicamentos, prescritos habitualmente por la psiquiatría moderna, requieren ingesta diaria y suelen prescribirse en períodos de años. Además de conllevar numerosos efectos secundarios indeseables, principalmente en el aparato digestivo y el apetito sexual, cesar el tratamiento implica un largo y a veces doloroso proceso de reducción gradual. Espero que los lectores sepan perdonar mi franqueza, pero, en vista de sus efectos, los ISRS y otras drogas fortísimas que se recetan con absoluta normalidad para tratar la depresión me parecen el equivalente a tratar de librarte de un huésped indeseado cagándote por toda la casa a ver si con esto lo incomodas.

Sospecho también que lo que realmente ha impedido hasta ahora la normalización del uso médico de los psicodélicos ha sido la presencia de ese incómodo "viaje" y la relativa incapacitación temporal que representa. Reconozco que algunas de las visiones que se experimentan bajo los psicodélicos pueden ser realmente perturbadoras y que alguna gente vuelve de sus viajes traumatizada. No me parece un argumento de peso para descartar su empleo con fines medicinales. Suelen ser experiencias minoritarias y casi siempre por realizarse en contextos inadecuados, no en contextos clínicos. Además, la ilegalidad genera un doble rasero que no tiene ningún sentido. Aumento de peso, problemas digestivos, perturbaciones en el sueño, disfunciones sexuales y un potencial de dependencia mayor que los psicodélicos no han impedido a la profesión médica prescribir antidepresivos y ansiolíticos con una ligereza irresponsable. Tampoco lo ha impedido la idea (un tanto difusa) de que uno no es "uno mismo" bajo ciertos medicamentos. Hay individuos que terminan tomándolos por décadas o que los tienen prescritos desde la preadolescencia, lo cual representa un pingüe negocio para la industria farmacéutica y debería arrojar serias dudas sobre su carácter medicinal.

También me pregunto si lo que se esconde detrás de la proscripción social es el temor a que la exploración de estados alterados de conciencia encierre tendencias "antisistémicas", más si ocurren en un marco de autoridad como la consulta médica. O tal vez esta proscripción tenga arraigo en un concepto agónico de la sanación, con el que no cuadra la posibilidad de que esta sea una experiencia positiva, alegre, gozosa, sensual o extática. Vaya, que vivimos bajo el peso de la idea de que no se va a la consulta médica a pasarlo bien.

Otra posibilidad es simplemente la gestión de costes, especialmente a corto plazo. Una de las razones por las que la investigación médica de los últimos años se ha decantado por la psilocibina, en lugar de un compuesto con más documentación clínica como el LSD, es que un "viaje" con el hongo dura la mitad que uno con LSD. Esto debería prevenirnos sobre una motivación importante en la investigación médica: criterios de eficiencia en tiempo y costos[38].

Los tratamientos experimentales con psilocibina suelen requerir unas sesiones de preparación (dos o tres) además del "viaje" como tal, que en dosis "heroicas" puede durar cinco o seis horas. A continuación, siguen las sesiones de integración, que en la práctica pueden llevar mucho tiempo.

Para la industria médica la duración de ciertos procesos no sale a cuenta y no parece justificable desde un paradigma médico enfocado en el tratamiento de condiciones específicas y no malestares generales. Sin embargo, el coste monetario y en calidad de vida de vivir dependiendo de un antidepresivo es mucho mayor para el paciente.

---

38. Don Lattin en cambio argumenta (*La nueva medicina psicodélica*) que la renuncia a retomar la experimentación médica con LSD es política: se hace demasiado cuesta arriba tratar de convencer a financistas privados y públicos por la pesada carga de prejuicios culturales que todavía arrastra. Es menos connotado poner "psilocibina" en una propuesta de financiación que "LSD".

Razones para la cautela

Pero también existen razones para atemperar el entusiasmo por los psicodélicos en el tratamiento de la enfermedad mental. Hace pocas décadas se descubrió otro medicamento revolucionario. La literatura científica describía cómo un nuevo compuesto llamado fluoxetina, en combinación con sesiones de psicoterapia, representaba un avance radical en el tratamiento de la depresión. El medicamento se comercializó con el nombre de Prozac y con el tiempo no llegó a cumplir con las expectativas que había despertado. Suele ocurrir que, cuando los tratamientos experimentales se generalizan, su eficacia disminuye, pues lo que se administraba a sujetos con condiciones muy específicas comienza a prescribirse para personas con cuadros cada vez más diversos.

Es más, los sujetos que acuden a tratamientos experimentales suelen estar altamente motivados. Este es un factor crítico para la sanación que puede no darse en la población en general. Más importante todavía es este elemento que las investigaciones con Prozac del pasado y con psilocibina del presente tienen en común: acompañamiento con psicoterapia.

El remedio de los antidepresivos no estaba en la pastilla como tal, sino en el autoexamen y el apoyo de un terapeuta profesional que acompañaban a la compensación química que supuestamente produce el fármaco. De manera análoga, la integración es una parte fundamental de la experiencia psicodélica, para muchos tanto o más que el viaje mismo. Y, sin embargo, no es fácilmente monetizable en el marco de una economía capitalista. Requiere tiempo, seguimiento, paciencia, cosas que no se puede pedir a instituciones que operan en función de criterios de eficiencia y control de costes.

Por último, existen dudas razonables acerca de los criterios de colección de datos, por ejemplo, si la muestra de población es lo suficientemente amplia como para extraer conclusiones estadísticamente significativas[39] o

---

39. El colectivo Psymposia, por ejemplo, ha emitido numerosas críticas acerca del reducido número en la muestra de población en investigaciones terapéuticas sobre psilocibina. La FDA estadounidense aprobó el "fast-tracking" o vía rápida en la autorización de los usos terapéuticos de análogos de la ketamina y ya hay indicios de que se aprobó sin suficiente muestreo ni atención a posibles efectos

si, por la forma en que están configurados, los cuestionarios de salida no inducen a los sujetos a reportar experiencias positivas[40].

Choque de paradigmas

Otra posible limitación de la práctica medicalizada de los psicodélicos es su "reduccionismo molecular". Sustancias como la psilocibina se dan de forma natural en setas cuyo uso ritual y medicinal se remonta a milenios en la historia, en el contexto de unas prácticas ceremoniales y una relación con entorno, sociedad y tradición. La sanación no va dirigida a un individuo, sino a la comunidad o, por lo menos, a una persona en relación con esta comunidad.

Con esto quiero decir que los intentos de calzar los psicoactivos naturales en el modelo medicalizado e individualista de la psicología moderna implican un choque de paradigmas. Es difícil acomodar plantas a un modelo médico, pues no son "medicinas" en el sentido moderno de compuestos químicos con una finalidad específica. Las nociones de "sanación espiritual" tampoco terminan de casar con un modelo terapéutico dominante que excluye a individuos asintomáticos o "sanos" que también podrían beneficiarse de ellas[41].

Es más, el modelo médico no cuadra con el hecho de que el efecto de estas plantas está inseparablemente ligado al contexto en que se consumen.

---

nocivos a largo plazo (Horowitz y Montcrieff, "Are we repeating mistakes of the past? A review of the evidence for esketamine", The British Journal of Psychiatry. 1.4 (2020); Simons, "Esketamine for Depression. Repeating Mistakes of the Past" (2020) (https://www.madinamerica.com/2020/06/esketamine-depression-repeating-mistakes-past/).

40. Muthukumaraswamy, S. D., Forsyth, A., and Lumley, T. "Blinding and expectancy confounds in psychedelic randomized controlled trials." Expert Review of Clinical Pharmacology. 14 (2021): 1133–1152; Petranker, R., Anderson, T., and Farb, N. "Psychedelic research and the need for transparency: polishing Alice's looking glass". Frontiers in Psychology 11 (2020) (https://www.frontiersin.org/articles/10.3389/fpsyg.2020.01681/full).

41. Esto no tiene por qué limitarse a los psicoactivos naturales, por cierto. Albert Hoffman defendía que el mayor beneficio del LSD sería para gente sana, no necesariamente enfermos mentales. Por mi falta de experiencia con esta droga, reservo mi juicio, aunque yo diría lo mismo de la psilocibina.

Tiene que ver con la intención del buscador, su relación con el sanador, con la comunidad y con el entorno, la práctica ceremonial, y el paisaje visual y sonoro que la acompaña. A diferencia una pastilla, que se toma en dosis prescritas y de la que se espera un efecto concreto, el consumo de una planta está integrado en un proceso dinámico en el espacio, contexto cultural y el tiempo que va desde que se formula la intención de tomar la planta hasta el proceso de integración. Otra expectativa fundamental en medicina occidental es la previsibilidad del medicamento en función de una dosis. En el caso de la ingestión de hongos o plantas, la potencia en el efecto es bastante imprevisible, algo que a algunos nos parece precisamente una de sus gracias[42], pero que no es aceptable desde un paradigma médico.

No creo, como a veces se defiende desde ciertas aproximaciones ritualistas o religiosas, que exista una forma "auténtica" o "correcta" de consumir estas sustancias. Pero por lo mismo, me perturba la arrogancia con que la medicina moderna desestima el saber acumulado a lo largo del tiempo por practicantes tradicionales, como se desprende de su llamativa ausencia en la mayoría de conferencias sobre el tema. Hay poco interés en ellos más allá de la antropología, la etnobotánica o las ciencias sociales. Esto resulta chocante si tenemos en cuenta que estamos hablando de expertos tradicionales en la materia y que, en lo que respecta a fauna y botánica, el conocimiento local sobre especies y sus interacciones mutuas no pocas veces supera al que se produce desde departamentos universitarios.

Ya he explicado la importancia fundamental que tienen la condición mental del viajero, el contexto situacional inmediato de la ingestión, relaciones familiares y personales o el marco cultural más amplio. Sabiendo esto, es justo preguntarse qué puede detraer de la experiencia las condiciones que impone la medicina moderna: aísla un componente activo, determina

---

42. Uso "gracia" en su acepción de "regalo". Me gusta explicarle a la gente que uno de mis viajes más memorables ocurrió con tan solo 1,5 g de la variedad "Golden teacher" de psilocybe cubensis. Una dosis baja de un hongo de potencia media me mandó al infierno y al nirvana, y entre ambos sentí que me agarraban de un talón y me arrastraban escaleras abajo. La cosa sucedió en un parque en Napa, California, y cuando aterricé recibí de regalo un paisaje de belleza tan apacible y colores tan vivos que podría haber salido de una exposición postimpresionista. En otra ocasión, una mezcla de 4.3g de psilocybe samuensis y la variedad "Penis envy" de cubensis, supuestamente más fuertes, dieron lugar a una experiencia comparativamente más tranquila.

su uso para tratar condiciones identificadas con un nombre y por unos síntomas concretos, y lo prescribe y administra en un ámbito clínico caracterizado por la privacidad, esterilización y despersonalización.

Por supuesto, desde un punto de vista antropológico se puede decir que la sanación tradicional y la medicina moderna son simplemente prácticas diferentes adaptadas a contextos psicosociales diferentes. Pero, por eso mismo, se presta poca atención a que la psicoterapia también es una práctica "provincial" o "étnica", en el sentido de que es la forma en que determinadas sociedades que son producto de un desarrollo histórico han decidido que debe tener lugar un tipo determinado de sanación, cuyos protocolos y criterios han evolucionado y se han amoldado a ellas. Por eso el tratamiento psicodélico mediado por la psicoterapia tendrá, inevitablemente, la parcialidad individualista que esta práctica suele tener. Hasta donde yo sé, los psicoterapeutas que a día de hoy toman en cuenta la dimensión comunitaria y socioeconómica de condiciones como el estrés o la depresión se encuentran en franca minoría.

Tal vez por la influencia de la cultura tecnocrática de la Bahía de San Francisco, uno de los centros de este "renacimiento psicodélico", el discurso de la terapia psicodélica está infundido de una actitud solucionista. Me refiero a la idea de que tienes unos síntomas y una condición concreta y te damos esta sustancia para corregir la situación. Como una app que se desarrolla para atender a una situación muy específica. Es una respuesta localizada que desatiende un concepto más amplio de personalidad y su relación con el entorno y apenas consigue disimular que lo único que busca es volvernos sujetos productivos de nuevo y reintegrarnos a la estructura socioeconómica existente. Parafraseando a Jiddu Krishnamurti, ¿es realmente un signo de cordura estar bien adaptado a una sociedad demente?

Otra corriente influyente en el enfoque terapéutico es el movimiento promicrodosis, así como investigaciones destinadas a aislar la molécula "antidepresiva" desechando aquellas partes que puedan producir el "viaje". Los promicrodosis suelen argüir que una dosis "micro", (entiéndase, un 5-20% de una dosis efectiva que produzca percepciones alteradas) ingerida cada dos o tres días (a veces más espaciada) produce el equilibrio necesario para sobreponerse a condiciones como la depresión o estrés.

Hasta donde yo sé, parece que la investigación actual no concluye que los beneficios de la microdosis se distingan del efecto placebo (https://www.theguardian.com/science/2021/mar/02/microdosing-lsd-benefits-might-be-placebo-effect-study-finds). Por mi parte puedo decir que no hizo demasiado por mí[43].

Soy escéptico frente a las vertientes del "renacimiento psicodélico" que enfatizan el tratamiento del síntoma, la estabilización del ánimo, la creatividad, la productividad, valores muy en consonancia con el sistema establecido. Al mismo tiempo, marcan una distancia pudorosa con respecto al estado alterado, como si la alteración fuera un mal en sí mismo, desechando el potencial transformador de estas sustancias cuando te las ves cara a cara con la carga moral del viaje[44].

Existen condiciones que son producto de un contexto mucho más amplio que la psique individual o los procesos formativos en los primeros años de vida. Un medio ambiente degradado, una crisis económica o la conflictividad social generalizada son factores causantes de una callada desesperación que se traduce en patologías. Como le dijo cierto terapeuta español a una paciente que le explicaba cómo sus condiciones de trabajo le desencadenaban crisis nerviosas: "señora, usted no necesita un psicólogo, usted necesita un sindicato". Si tomamos un entorno sociolaboral

---

43. Por contra, un interesante testimonio favorable a las microdosis con LSD se encuentra en el libro *A Really Good Day* de Ayelet Waldman. Debo apuntar también que soy consciente de que el "efecto placebo" suele tener mala prensa cuando en realidad debería contemplarse como el acopio de capacidad curativa o restaurativa que el propio cuerpo puede invocar dado un contexto favorable.

44. Sé que aquí me meto en veredas, pues el discurso promicrodosis no se limita a la psicodelia medicalizada. Tengo noticia, sin confirmar, que algunos mazatecos de Oaxaca, por ejemplo, toman la xka pastora (salvia divinorum) en dosis pequeñas para una variedad de malestares. La microdosificación está bastante extendida entre practicantes de medicina holística o de técnicas de equilibrio cuerpo-mente, que la defienden como una suerte de terapia de mantenimiento una vez que ya se ha pasado por un viaje "real". También se puede argumentar, lo reconozco, que no todo el mundo goza de los recursos y tiempo de preparación e integración que requieren someterse a una dosis más fuerte. Esto es cierto, pero para mí esto implica el reconocimiento de que la microdosis o la "medicina sin viaje" son simplemente estrategias de adaptación a condiciones socioeconómicas que se oponen a un pleno desarrollo personal y comunitario. Como ya he dicho varias veces, mi discurso aquí es muy subjetivo y todavía estoy aprendiendo.

estresante o injusticias a gran escala e inequívocamente los entendemos como un problema en el desarrollo personal de cada individuo particular, es previsible que el efecto transformacional de esta y cualquier otra terapia en realidad será muy limitado.

Como argumenta el psicólogo Geoff Bathje (https://chacruna.net/combining-psychedelics-with-capitalism-may-cause-unintended-side-effects%EF%BB%BF/), la idea de que la terapia psicodélica es la solución a problemas psicológicos individuales, sin tener en cuenta las condiciones socioeconómicas más amplias en que estos se producen, arriesga a banalizarla como otra técnica de mejora personal que alimenta la subjetividad bajo el sistema capitalista y que, desprovista de su contexto, se convertiría en la nueva herramienta de perfeccionamiento elitista con un toque espiritual, como ya lo son el yoga o el mindfulness.

En suma, dudo que ninguna terapia psicodélica individual sirva para arreglar problemas de raíz sistémica. Será, a lo sumo, un parche, como ya lo son los antidepresivos o las mentadas "herramientas de perfeccionamiento". Es más, me pregunto si ese sistema no podría apropiarse de estas sustancias para convertirlas en otro instrumento de extracción de valor.

¿Medicinas para un sistema enfermo? El capitalismo psicodélico

Durante el período de finales de los 60 a finales de los 90, que algunos llaman la "edad oscura" de la psicodelia, los científicos expertos en la materia asumieron que, para que la investigación en esta materia resurgiera, debería hacerlo dentro de los confines de la ciencia médica, con fines terapéuticos y centrada en grupos de víctimas más simpatizables por la población general. Esto explica que una parte considerable de las investigaciones en Estados Unidos se haya enfocado en veteranos de guerra con estrés postraumático y víctimas de violencia sexual. No estoy en contra de ello, pero también creo que el énfasis político y promocional de organizaciones como MAPS ha dejado en la cuneta a los adictos, una clase más numerosa y diversa e igualmente necesitada de atención.

Desde los inicios de la investigación científica con psicodélicos, parece que la adicción es la condición para la que ofrecen más beneficios potenciales. Por desgracia, y debido en gran parte a las condiciones sociales y el estigma que resultan del prohibicionismo, los adictos problemáticos no son un grupo que invite la comprensión de la sociedad biempensante, que convierte un problema de salud en un delito y aprueba sin compasión la disciplina policial y judicial para resolverlo.

Una consecuencia del énfasis en la medicalización y sus éxitos ha sido la de atraer una gran cantidad de dinero e inversiones del capital riesgo. En el podcast *Psychedelics Today* (https://psychedelicstoday.com/podcast/) se hacían eco de cómo la primacía de inversionistas y empresas con ánimo de lucro se destacaba en el programa de la última conferencia Wonderland en Miami. Aparte de las conferencias más reconocidas, proliferan sin cesar eventos promocionados por agentes altamente capitalizados y relativamente nuevos en la escena, que tratan de atraer con dinero a otros practicantes y científicos con más solera que con frecuencia sirven para imprimirle un cierto sello de prestigio o legitimidad al evento.

No hay duda de que el país donde este "capitalismo psicodélico" es más visible es en los Estados Unidos, donde numerosas celebridades, ejecutivos de Silicon Valley y podcasters e influencers de seguimiento masivo hablan abiertamente de sus experiencias y hasta promocionan abiertamente emprendimientos en las zonas grises de la ley. Llama la atención el contraste que ofrece el tecnócrata Elon Musk fumándose un porrete en el podcast de Joe Rogan mientras que su compañía despide a empleadas que dan positivo en las pruebas de marihuana (https://thehill.com/policy/technology/405711-ex-tesla-employee-fired-for-failing-drug-test-musk-smoking-like-a-slap-in/)[45]. Esto sucede en un país con una ley antidrogas draconiana que sostiene una violencia policial y un sistema judicial y carcelario que se ceban con etnias minoritarias con una crueldad propia de estados autoritarios.

---

45. El caso de Crystal Guardado, empleada en la fábrica de Tesla en Fremont, California, es especialmente llamativo puesto que esta empleada estaba implicada en un esfuerzo por sindicalizar la fábrica.

Tampoco es que todos los participantes en la escena psicodélica en Estados Unidos estén contentos con este incipiente capitalismo psicodélico ni la publicitación de este "renacimiento", máxime después de la experiencia con la legalización de la marihuana para uso recreativo o médico en unos cuantos estados de la Unión. El establecimiento de regulaciones creó barreras a la entrada que han permitido a los grandes inversores repartirse la parte del león en el nuevo negocio, mientras que cultivadores y activistas tradicionales que han cargado con el peso del riesgo socioeconómico y la violencia institucional durante décadas se han quedado fuera de juego. Me parece particularmente vergonzoso que en muchos estados la legalización no haya ido acompañada de medidas de amnistía o eliminación de historiales delictivos, y muchísima gente, la mayoría jóvenes, continúa presa por delitos relacionados con esta planta, mientras que advenedizos bien capitalizados se están haciendo de oro.

El capital riesgo ya ha llegado a la psicodelia y mueve fichas para demarcar territorio y tratar de influir en futuras regulaciones ante la previsión de que la prohibición de ciertas sustancias se ablande para usos terapéuticos. Una de las sombras más amenazadoras que proyecta el capitalismo psicodélico es el abuso del sistema de patentes, debido a su potencial para la biopiratería y la creación de barreras al acceso y exclusión. Compañías como Compass Pathways y ATAI Life Sciences se han lanzado a patentar fórmulas, aplicaciones y formas de administración. Hay quien considera que los temores se han exagerado y que estas compañías solo buscan proteger formulaciones específicas, que ninguna empresa puede patentar con éxito plantas que ya se dan en estado salvaje y alrededor de las cuales existen prácticas culturales documentadas, y menos imponer esta patente a nivel internacional. Pero los críticos insisten en que el problema no radica tanto en la sostenibilidad de estas patentes ante una demanda judicial, sino en el efecto disuasorio que pueden tener, solo por los costes que representa disputarlas judicialmente. Existen precedentes de esto, como cuando la Oficina de Patentes estadounidense otorgó los derechos de una variedad de *banisteriopsis caapi* (la liana que se usa en la decocción de la ayahuasca) a un ciudadano privado a finales del siglo pasado. La patente expiró en 2003, pero otro individuo lo volvió a intentar en Alemania en 2016.

Estas patentes representan una amenaza para practicantes tradicionales más allá de las fronteras del país que las otorgue, en virtud del Acuerdo sobre los Aspectos de los Derechos de Propiedad Intelectual relacionados con el Comercio (TRIPS por sus siglas en inglés, aunque no tenga nada de "trippy"). Este acuerdo es el que impide, por ejemplo, que la población de muchos países pobres tenga acceso a variantes genéricas de medicamentos de marca. En la práctica, representa un choque epistemológico: la imposición de conceptos sobre el derecho y la propiedad intelectual originados en la modernidad europea y a los que otros territorios se ven forzados a adaptarse y que, huelga decirlo, no cuadran para nada con el conocimiento ecológico y prácticas culturales transmitidos oralmente.

Otra posibilidad sería lo que se conoce como "double scheduling" o doble clasificación, por el cual una compañía solicita el reconocimiento de la aplicabilidad terapéutica de una variante molecular de su propiedad, mientras que el compuesto en su forma natural permanece ilegalizado. No tenemos casos todavía, pero es teóricamente posible. Una hipótesis: una compañía X podría patentar un derivado molecular de la psilocibina y obtener el reconocimiento de sus aplicaciones terapéuticas por la FDA estadounidense. En el momento en que este compuesto generara réditos, esta compañía ya tendría un incentivo para presionar por la persecución a nivel global contra el consumo de hongos psilocibios en su forma natural.

Las patentes no se limitan a compuestos orgánicos. También se han multiplicado las que reclaman derechos sobre la aplicación de un psicoactivo u otro para una panoplia de condiciones físicas y mentales. Esto tiene el potencial de crear barreras artificiales que impidan la investigación por entes públicos o sin ánimo de lucro como universidades, que no disponen de ejércitos de abogados para batallar contra patentes absurdas.

Otra táctica que ha levantado polémica es patentar prácticas de aplicación. Por ejemplo, la administración del fármaco en una habitación con equipamiento descrito genéricamente, como un sofá mullido, un equipo de sonido de alta definición o paredes con colores tenues. Estas descripciones no son nada diferentes de prácticas con más de medio siglo de existencia entre la psicoterapia clandestina, como el anteriormente mencionado "protocolo de Hubbard". Sin embargo, de nuevo existe el riesgo que practicantes o colectivos individuales se vean impedidos de trabajar por la amenaza legal que representa la presencia de patentes.

Psymposia, una pequeña organización de académicos y activistas estadounidenses que ofrece una perspectiva crítica sobre el renacimiento psicodélico, ha sonado las alarmas por lo que entienden la progresiva cooptación del espacio por perfiles del capitalismo más depredador o de signo autoritario. Por ejemplo, que muchos ejecutivos del capitalismo psicodélico proceden de compañías mineras (https://www.psymposia.com/from-mining-to-mushrooms/). El sector minero tiene un elevado componente especulativo y de riesgo, y sus ejecutivos parecen un perfil lógico para compañías como la farmacia psicodélica. Pero también es un sector conocido por sus agresiones contra el medio ambiente y contra organizadores laborales y comunidades indígenas próximas a los puntos de extracción. Por eso, aunque el artículo de Psymposia peque un poco de "culpa por asociación", uno no puede dejar de preguntarse si estos ejecutivos no van a trasladar los valores y prácticas dominantes en el sector minero a un ámbito donde la relación con el medio ambiente y las comunidades tiene una importancia capital para practicantes tradicionales.

La aparición de oligarcas tecnocráticos como Peter Thiel en la escena del capitalismo psicodélico también ha encendido muchas alarmas, y no es para menos, en vista de su poco disimulado desprecio hacia la democracia y su afecto hacia el capitalismo monopolista. Por mi parte, aunque sujetos como Musk o Thiel me parezcan oportunistasególatras cuya exasperante necesidad de llamar la atención tiene potencial para causar mucho daño, a mí solo me parecen un síntoma del mal.

Es verdad que el capitalismo neoliberal tiende a promocionar a individuos con características altamente competitivas y antisociales. También creo que la degradación de las condiciones generales de la existencia por el sistema de mercado o por la agregación de datos no se debe a actos maliciosos de ningún individuo en particular, sino a las particularidades del sistema en que vivimos, en el que el incentivo a la búsqueda interesada de beneficios privados a corto plazo termina paradójicamente en un detrimento de las condiciones agregadas para todos en el largo plazo.

Un caso paradigmático de esto es el calentamiento global antropogénico, que se debe en parte a una multiplicidad de agentes que realizan en beneficio propio a corto plazo acciones que, agregadas, constituyen un detrimento colectivo a largo plazo. El capitalismo, instituido sobre la quimera del crecimiento indefinido a largo plazo sustentado en la extracción de recursos finitos, está miserablemente equipado para afrontar una situación así. Por eso mismo tengo muchas dudas acerca de las bondades de una apropiación capitalista de la terapia y las culturas psicodélicas.

En otro punto he observado que hay terapeutas clandestinos, sanadores y neochamanes que se ganan la vida con esto. No me parece que haya nada malo en ello. Es más, creo que la proliferación de pequeños guías y sanadores a nivel comunitario sería la vía más segura para la normalización y accesibilidad de estas prácticas y servicios. Pero el capitalismo no funciona así, pues fomenta el crecimiento a costa de todo lo demás, incluyendo el margen para la simple existencia de individuos y comunidades con ambiciones más limitadas. El capitalismo tiende a la creación de monopolios por vía de economías de escala, fusiones y adquisiciones, acceso privilegiado a reguladores, legislación a la carta, patentes y contratos exclusivos con otras grandes compañías. En este proceso barre a agentes más pequeños que en principio aspirarían sólo a ganarse la vida y limitar el alcance de su acción a su entorno comunitario. Dudo que un sistema de mercado vaya a asegurar una mayor accesibilidad en los precios cuando la aplicación de criterios de eficiencia implicaría una reducción de compensación laboral para los trabajadores del sector y una degradación de la calidad y la duración del servicio para los usuarios.

Otro desarrollo reciente dentro del capitalismo psicodélico ha sido la aparición de aplicaciones para smartphone en las que el usuario crea perfiles personalizados, documenta y cuantifica sus experiencias, a cambio de lo cual el proveedor ofrece guía y consejos para facilitar el proceso. Aunque me falta un conocimiento más detallado sobre su funcionamiento, contemplo estas aplicaciones con escepticismo también. Habiendo leído los términos de uso de algunas, no he encontrado en ellos nada que impida a las organizaciones que las mantienen usar y monetizar los datos según les parezca conveniente, ni hay provisiones claras sobre lo que puede ocurrir con esos datos si una de estas entidades sin ánimo de lucro es adquirida por una corporación⁴⁶. No me preocupa tanto el derecho a la privacidad individual como las consecuencias sociales que puede tener a largo plazo esta agregación de datos. ¿Cuáles serían las consecuencias de ceder a un algoritmo el contenido profundo de nuestra psique que aflora durante los viajes? Ya estamos viendo las consecuencias que los algoritmos y la inteligencia artificial tienen en la degradación del contenido informativo, el discurso político, las capacidades de concentración o la insatisfacción y poca duración en las relaciones afectivas. Por si fuera poco, la agregación de datos a través de aplicaciones en red ya representa un trabajo gratuito que usuarios y trabajadores realizan sin conocimiento ni consentimiento. Ello facilita la automatización de trabajos cualificados sin que las compañías que se benefician de esta extracción de datos estén pagando ninguna compensación por los costes a largo plazo que van a generar.

Con todos los bienes que puedan aportar, las drogas visionarias son una herramienta, no una panacea. Lo que necesitamos no está en una app ni tampoco en una píldora. De poco pueden servir si no se atiende a las condiciones causativas de los males que se tratan de sanar. Repito la sentencia de Krishnamurthi: ¿es realmente un signo de cordura estar bien adaptado a una sociedad demente? Si vivimos en una estructura tóxica como la de un capitalismo alienante, esto no hay pastilla que pueda curarlo. Necesitamos querer y ser queridos, conectar y compartir con nuestro entorno de maneras significativas, con abrazos y risas. Buen humor y buen amor, digo. Nada que esté en condiciones de proveer un sistema que trata de colonizar y monetizar hasta los aspectos más íntimos de la experiencia humana, desde apps de citas hasta el contenido profundo de nuestra psique.

---

46. Aquí merece la pena recordar que Compass Pathways, el más conocido acumulador de patentes en el ámbito psicodélico, inició su andadura como organización sin ánimo de lucro.

Luces y sombras del renacimiento psicodélico

8
Trasciéndeme otra vez:
Espiritualidad enteogénica

Es irónico que la psicodelia medicalizada actual se distancie tanto de los practicantes de la "primera ola" o la pre-prohibición (hablo de los 50 y 60), quienes precisamente trataban de contrarrestar lo que les parecía un exceso de secularización y medicalización en las prácticas de cuidado mental. Ya he dicho que es difícil acomodar una comprensión farmacológica de estas sustancias, especialmente las que se consumen de forma orgánica, a las prácticas tradicionales o alternativas, pues no se entienden como "medicinas" en el sentido moderno de compuestos moleculares con la finalidad específica de atajar una condición y sus síntomas. Esta lectura no cuadra con enfoques más holísticos, integrales, trascendentes o religiosos, prácticas de sanación enfocadas en un concepto más espiritualizado que físico de la dolencia cuyo beneficio puede extenderse a un espectro más amplio de población que al del "paciente" individual.

No todas las personas cumplen con los requerimientos de los estudios experimentales ni pueden someterse a sus regímenes de observación. Mucha gente siente un anhelo de sanación de malestares difíciles de definir pero que están ahí, ya sea el estrés laboral, la desestructuración social, la ubicuidad del entretenimiento masivo más estultificante, la bancarrota moral de las grandes doctrinas religiosas, la pesadumbre por la degradación medioambiental, o una difusa sensación general de falta de futuro o esperanza en el ambiente que imponen la economía neoliberal y el auge del autoritarismo que vienen produciéndose desde la Gran Recesión. Razones para sentirse desconectado y deprimido no faltan.

Aquí entra en juego la red de terapeutas clandestinos y retiros con psicoactivos que continuan practicándose desde la prohibición generalizada a finales de los 60. Es una aproximación que rehúye la psicoterapia tradicional y busca aproximarse a la sanación por vías alternativas de comunión interpersonal, con la naturaleza o con lo sagrado y, no pocas veces, con una mezcla de las tres. Suelen optar por el uso de estas sustancias en su forma natural o según elaboraciones tradicionales, aunque el MDMA, el LSD, las triptaminas y otras sustancias sintéticas también hacen acto de presencia en algunos grupos. Suele tratarse de ceremonias o retiros de uno o varios días de duración, con un programa preestablecido que incorpora otras prácticas, como círculos de comunicación, meditación, oración y una variedad de prácticas adaptadas de religiones asiáticas o ceremonias indígenas.

Creo que la mayor virtud de esta aproximación es su dimensión holística o integral. La experiencia psicodélica se encuentra entre las más fuertes que se pueden tener en la vida, por lo que un enfoque estrictamente "terapéutico", con unos fines predeterminados centrados en el tratamiento de un individuo y una comprensión de estas sustancias como moléculas con unos efectos específicos, detrae de su sentido global. La aproximación más "sacra" o "trascendental" enfatiza la experiencia personal más allá de síntomas o dolencias específicas y se dirige a las conexiones entre personas, y las de estas personas con el entorno comunitario, natural y material con el que comparten la existencia. Un marco trascendental o sagrado parece más adecuado para una experiencia que puede sacudir la noción misma de la propia identidad y puede ponerlo a uno en contacto directo con la fibra misma de la existencia (quien lo ha probado entiende lo que digo).

La calidad, seriedad o coste de círculos, ceremonias y retiros es extremadamente variable y, de nuevo, una regulación prohibicionista y las zonas grises de la ley propician la dificultad para establecer códigos de prácticas o supervisión comunitaria. Creo que la mayoría de practicantes con experiencia son gente bienintencionada que trata de ganarse la vida con su conocimiento de estas sustancias y técnicas asociadas. Habrá también quien, siendo buen practicante, buscará capitalizar sus conocimientos al máximo aprovechando la existencia de un mercado restringido. Y, por supuesto, también habrá gente con muy pocos escrúpulos, o iluminados con muy buena voluntad pero poco conocimiento o sentido común.

Por eso este enfoque sacro o espiritual no está exento de problemas. Por lo difuso de los conceptos que se manejan ahí, abre la puerta a improvisaciones, pseudoterapias y magufadas de todo orden. La crítica o el escepticismo no suelen ser bien recibidos y, no pocas veces, se perciben como "resistencia interna" en el mejor de los casos o "energía negativa" o "detracción" en otros. La resistencia interna consiste en todas esas prevenciones que se pone uno mismo antes de dar el salto y que, por un lado, pueden surgir de una prudencia y una vigilancia elementales pero que, a veces, también se deben a una parte de nosotros que se resiste al cambio. Yo la he vivido y he tenido que aprender a tragármela en ocasiones, pues en la experiencia psicodélica es fundamental rendirse y dejarse llevar, lo cual suele requerir un elevado grado de confianza en los facilitadores y en los compañeros de la experiencia, y algún que otro salto de fe.

También creo que hay que tener la mente abierta, pero no tanto como para que se afinque en ella la primera tontería que te cuenten ni dejar de prestar atención a cualquier señal alarmante que pueda surgir.

Hasta donde he visto, estos retiros o ceremonias pueden tener un marcado carácter ecléctico que asume una panoplia de prácticas rituales como válidas, en tanto que manifestaciones devocionales diversas de una misma verdad trascendente o como expresiones particulares de una búsqueda o viaje individual. Aunque parezca un "todo vale", reconozco que esta actitud mantiene cierta coherencia con la imprevisibilidad de las visiones o sentimientos que pueden experimentarse bajo estas sustancias.

Por otro lado, he observado en algunos practicantes una tendencia a entender la experiencia visionaria de una forma bastante específica y enfocar las sesiones en ese sentido. Puede ser conversar con los ancestros, descubrir la unión entre cuerpo y mente, que la experiencia sensorial es ilusoria, comunicarse con la naturaleza... Me han parecido personas sinceras en sus creencias, pero algunas parecen afectadas por una experiencia particularmente fuerte alrededor de la cual han decidido estructurar su mensaje.

Como ya expliqué, prefiero distanciarme de lecturas demasiado concretas. Respeto que se trata de experiencias mentales muy vívidas que tienen un sentido profundo y auténtico para el sujeto. De aquí a que sean verdades objetivas de aplicación universal, me parece que hay un paso muy largo que además no toma en cuenta la diversidad y la variedad de experiencias visionarias[47].

Otro aspecto problemático en algunas aproximaciones "rituales" es que el énfasis en una noción tan vaga como "sanación" puede alentar una conceptualización del participante como una persona perpetuamente enferma, traumatizada y necesitada de "medicina". Tal vez esté juzgando demasiado, pero no me parece una relación demasiado diferente de la que algunas religiones establecen con nociones de pecado o caída y su prescripción de actos repetitivos de reparación. Por mi parte, concuerdo con la sentencia de Alan Watts: "Cuando captes el mensaje, cuelga el teléfono". Es decir, que en estas prácticas lo importante es la búsqueda y su sentido, y no tanto el instrumento específico del que se sirva uno[48].

Otro aspecto problemático del buenrollismo del enfoque sagrado es el énfasis que algunos círculos ponen en conceptos a primera vista positivos,

---

47. Adam Aronovich, candidato doctoral en la Universitat Rovira i Virgili de Tarragona, lo plantea clarísimamente: "La inmediatez y prominencia inherentes a la fenomenología de la experiencia psicodélica suelen predisponer a gente sin experiencia o inepta a confundir percepciones subjetivas muy poderosas y significativas por verdades objetivas y definitivas, conduciéndolos con frecuencia a inflarles el ego" (del blog Healing from Healing [https://healingfromhealing.com/blog/key-term-psychedelic-narcissism]. La traducción es mía).

48. Algunos han malinterpretado esta frase como la prescripción de una única experiencia psicodélica "fuerte" para continuar el trabajo de otra forma. Me parece una lectura simplista y como está tan extendida vale la pena citar el pasaje completo de *Joyous Cosmology*: "La experiencia psicodélica solo vislumbra una percepción mística genuina, pero es un vistazo que puede madurar o profundizarse a través de varias formas de meditación en las que las drogas ya no son necesarias o útiles. Si recibes el mensaje, cuelga el teléfono. Las drogas psicodélicas son simplemente instrumentos, como microscopios o telescopios, o teléfonos. El biólogo no permanece sentado con el ojo pegado en el microscopio, se levanta y trabaja en lo que ha visto". La traducción es mía.

como "amor", "unidad" o "conexión", que pueden tener su lado oscuro. La representación de la experiencia psicodélica como "amorosa" o "luminosa" ha servido para desestimar las quejas de víctimas de abusos sexuales, que se han dado con una frecuencia significativa en contextos de terapia clandestina y en retiros neochamánicos y de sanación.

No olvidemos tampoco que la experiencia de una "unidad" humana es especialmente cómoda y atractiva para sujetos en condiciones privilegiadas, que suelen ser los asiduos a estos rituales, y los sube a una nube de superioridad olímpica que da razones para desestimar la urgencia de los reclamos de grupos sociales o minorías oprimidas.

Por último, me sorprende la falta de vigilancia con que se glorifica el concepto de conexión en estos círculos, sin atender a su potencial de manipulación. La experiencia visionaria induce a estados altamente sugestionables que pueden invitar al sujeto a sentir una "conexión" con un agente malicioso, sea el líder de una secta destructiva o el de un movimiento totalitario[49].

Turistas espirituales y complejo chamánico

El turismo espiritual es algo tan antiguo como los peregrinajes, de los que tenemos noticia en múltiples culturas premodernas. En décadas recientes, alentado por la proliferación del conocimiento sobre estas sustancias en la red, ha florecido el turismo enteogénico destinado a probar plantas medicinales, especialmente las de más difícil acceso o preparación, como el yagé o ayahuasca, la huachuma (*echinopsis pachanoi* o cactus de San Pedro), o que requieran supervisión. De nuevo, hay de todo, desde simples lugares de acampada o malocas[50] acondicionadas para turistas, a auténticos balnearios en mitad del bosque amazónico y en los Andes.

---

49. Para profundizar, es de lectura imprescindible el artículo "Right-Wing Psychedelia", de Brian Pace y Nese Devenot (https://loop.frontiersin.org/people/1391357/overview) (Colectivo Psymposia), publicado en noviembre de 2021 en *Frontiers in Psychology*.

50. La maloca es la casa comunitaria tradicional de muchos pueblos amazónicos.

Algunos se publicitan abiertamente en la red, como en Perú, donde la ayahuasca es legal, o en Jamaica, donde lo es la psilocibina. Otros, donde hay zonas grises de la ley o prohibiciones directas, operan con mayor discreción, sin anunciar explícitamente la planta con que trabajan, o a través de foros o recomendaciones personales. No son difíciles de encontrar para quien tenga el interés, y también el dinero, pues no suelen ser baratos.

En la última sección comentaré el potencial impacto de esta forma de consumo. De momento vale apuntar que uno de los reclamos más manidos de este tipo de turismo es un supuesto arraigo en prácticas tradicionales indígenas. Muchos anuncian, y da sonrojo repetirlo, rituales con un "auténtico chamán indígena". No pocas veces estos "auténticos chamanes" son individuos con la habilidad de desempeñar un rol de forma pintoresca y atractiva para las fantasías de un público occidental espiritual y/o alterglobalista. Hasta donde he podido saber, en muchas comunidades se les tolera por su capacidad para entretener a un turismo por lo general amistoso y respetuoso, pero no se les considera sanadores, los cuales son reconocibles dentro de la comunidad y, por lo general, no corren detrás de extraños.

El peligro radica en proyectar demasiadas expectativas sobre el chamán. Algunos saben rodearse de un halo de misterio o sacralidad que es el signo más llamativo de los embaucadores. Muchas personas en las sociedades modernas occidentales tienen conceptos romantizados de sanadores o chamanes que en realidad no son más que transposiciones de conceptos de santidad o guía espiritual procedentes de otras religiones.

Para muchas comunidades indígenas la sanación es un oficio como cualquier otro. Es lógico. Imagina que tienes una dolencia grave que te lleva al hospital y allí te la curan. Es probable que le estés muy agradecido al médico y al equipo que te atendió y, según el contexto, tal vez hasta les des algún tipo de reconocimiento por vía de recomendaciones o reseñas en internet o, caso de estar permitido, un obsequio. Es menos probable que los consideres magos o santos y menos todavía que les toleres ciertas licencias como compensación por su competencia y esfuerzos.

En las comunidades indígenas no es diferente: sanador en esos lugares suele ser una simple ocupación, respetable pero no santificada. Por lo mismo, se entiende que los sanadores son seres humanos normales y, como tales, proclives a defectos o debilidades como cualquier otro ser humano. E igual que en occidente hay médicos o terapeutas que han abusado de su posición facultativa, ocurre exactamente lo mismo con los sanadores. Es de sentido común, y quien no lo entienda está expuesto, como mínimo, a una decepción, y en algunos casos extremos a cosas peores (htttps://newsfeed.time.com/2012/09/14/u-s-teen-dies-after-taking-hallucinogenic-drug-ayahuasca-in-peru/).

No es solo que el rol de "sanador", "chamán" o líder religioso le venga como anillo al dedo a perfiles narcisistas o sociopáticos. Cuando una persona común se convence de estar proporcionando un bien próximo a lo divino, es muy fácil caer en la irresponsabilidad, el fariseísmo o la búsqueda de poder y explotación. Esto es una manifestación de lo que algunos llaman "complejo chamánico", bastante extendido entre quienes "han visto la luz" después de una experiencia visionaria. Estas experiencias son tan fuertes que no pocos decidimos que formarán parte integral de nuestra vida. No falta, sin embargo, quien regresa creyéndose investido de una misión sagrada de ayudar a otros y librarlos de su sufrimiento. Que una persona pase abruptamente de la quieta desesperanza de la depresión, los pánicos del estrés postraumático, la búsqueda en un vacío existencial, a creer que se encuentra en una misión salvífica, me parece como mínimo cuestionable y requiere cierto sano escepticismo.

Iglesias enteogénicas

Entiendo que la mayoría de mis lectores serán de España. Si es tu caso, seguramente te preguntarás si va en serio esto de las iglesias psicodélicas, enteogénicas o vegetalistas, o si no son más que una pátina espiritual como excusa para drogarse.

La sociedad española ha vivido un giro laicizante muy fuerte, comprensible después de una violenta dictadura nacionalista y católica, aunque la iglesia retenga un poder político y económico importante. La cultura católica también nos ha legado una arraigada desconfianza hacia prácticas religiosas minoritarias. Es sano prevenirse contra engaños o prácticas destructivas. Las hay, pero también existe mucha gente que cree con firmeza y sinceridad que estas sustancias, especialmente las que se dan de forma natural, son un don divino, o bien un canal para tomar contacto con una realidad trascendente o hacer surgir lo divino que lleva cada uno dentro.

De aquí que algunas personas eviten hablar de psicodélicos y usen el término "enteógenos", acuñado en 1979 por un grupo de etnobotanistas y expertos en mitología antigua. "Enteógeno" significa "que genera o produce al dios dentro de sí" y algunos lo prefieren para subrayar el aspecto espiritual sobre el "mental" que implica "psicodélico", que además había adquirido mala reputación, en parte por la maliciosa propaganda del gobierno estadounidense y, según algunos, por el histrionismo antisistema de apóstoles de la contracultura como Tim Leary o Ken Kesey.

En Estados Unidos, muchos practicantes y grupos de terapias de sanación se constituyen en iglesias con el fin de acogerse a las protecciones de la Primera Enmienda constitucional, que es extremadamente amplia en lo tocante a la libertad de culto y expresión. De aquí a que sean expresiones religiosas sinceras, depende de cada grupo. Conozco una iglesia micófila que me parece clarísimamente un negocio (y ha tenido, de hecho, problemas con la ley) y alguna psicoterapeuta que utiliza este vocabulario como cobertura para ejercer terapia psicodélica, cosa que hace a un precio bastante elevado, pero también con suma competencia.

Otros cultos, como el Santo Daime (https://es.wikipedia.org/wiki/Santo_Daime) o la União do Vegetal (https://es.wikipedia.org/wiki/Uni%C3%B3n_del_Vegetal), suelen ejecutar rituales más reglamentados. Esto, y el ofrecer un cuerpo doctrinal relativamente coherente, los convierte en religiones en un sentido más tradicional del término. No puedo opinar sobre estos movimientos con propiedad por desconocimiento, pero sí reconozco que existe muchísima gente para quien estas prácticas contienen un elemento de comunión con lo divino.

En lo que respecta a otras prácticas un tanto más eclécticas, al principio me chocaba bastante quienes hacían rezos, acción de gracias y alabanza a la Madre Naturaleza ante una sustancia sintética como el MDMA[51]. También

---

51. Habrá quien me diga que el precursor del MDMA es otra sustancia sintética que se elabora a partir

me parece lamentable que algunos sanadores y profesionales competentes, así como vendedores honestos, se sientan obligados a recurrir a coberturas religiosas y pseudomísticas para llevar a cabo una actividad totalmente respetable en sí misma, y siento que estos elementos, cuando no se practican con sinceridad, contribuyen a desvirtuar la experiencia. Me dirán "mejor eso que nada" y estoy de acuerdo. Al mismo tiempo, creo firmemente en la importancia del contexto y creo que subterfugios y secretismo atentan contra la integridad con que se realizan estas actividades.

Tampoco está claro que la Primera Enmienda provea protecciones tan claras contra detenciones y procesos judiciales, como se aprecia en el caso del pastor ayahuasquero Clay Villanueva de Arizona (https://www.phoenixnewtimes.com/news/is-phoenix-pastor-clay-villanueva-spiritual-shaman-ayahuasca-kingpin-or-both-12427583). Hasta ahora la Corte Suprema sólo ha reconocido el derecho de la Iglesia Nativa Americana (NAC por sus siglas en inglés), el Santo Daime y la União do Vegetal para usar psicoactivos prohibidos para la población en general. En cambio, no ha reconocido el derecho de los rastafaris a usar el ganja, como llaman a la marihuana, aunque esta planta está encontrando una ruta a la legalización por otra vía. La administración federal antidrogas (Drug Enforcement Administration) hasta ahora ha denegado o dejado sin respuesta todas las solicitudes de reconocimiento de otras iglesias enteogénicas. La administración de aduanas (Customs and Border Protection) continúa requisando cargamentos de los ingredientes de la ayahuasca a pesar del reconocimiento por el Tribunal Supremo de los derechos de los daimistas y la UdV.

Abusos

Existen muchas leyendas acerca del uso de drogas en sectas destructivas. Se sabe, por ejemplo, que La Familia de Charles Manson, la comuna de Bhagwan Sree Rajnish (rebautizado como Osho) o la secta Verdad

---

del sasafrás, un árbol que crece en la costa este de EE.UU. y Brasil, así como Asia Oriental y que, por lo tanto, tiene un origen vegetal. Puede ser un prejuicio, pero para mí sigue existiendo una distinción bastante clara entre compuestos sintéticos y los que se dan de forma orgánica en la naturaleza y no requieren un laboratorio químico para procesarlos. También habrá quien diga que no soy quién para cuestionar los métodos por los que una agencia divina o la naturaleza pone a nuestra disposición estos instrumentos para prácticas devocionales, lo cual también me parece plausible.

Suprema de Shoko Asahara las usaban. Pero el uso malintencionado de psicoactivos era solo una de sus muchas artimañas. Las organizaciones de este tipo más exitosas lo son por un uso cuidadoso de la psicología social, no por el uso de drogas visionarias.

La sumisión química es real, pero las sectas destructivas tienden a ser negocios para la mayor gloria y el lujo de un iluminado y su cúpula, para lo cual se necesita mantener controlados a individuos inteligentes y capaces por un largo período de tiempo. No me parece que las drogas visionarias sirvan para ese propósito. Sí es cierto, empero, que algunas pueden poner a quienes las toman en estados altamente sugestionables que en el corto plazo los hagan vulnerables a abusos traumáticos por practicantes maliciosos o con pocos escrúpulos.

Se han dado abusos sexuales y personales en terapias clandestinas y en retiros holísticos y neochamánicos que incluyen drogas visionarias en sus prácticas. En este aspecto creo que las comunidades psicodélicas/enteogénicas no han estado a la altura de las circunstancias. Solo recientemente se ha comenzado a prestar atención seria al tema[52]. Hasta hace muy poco la reacción a alegaciones ha tendido a ser defensiva, tanto más según el prestigio del acusado o la acusada, por entenderse que atender a ellas representaría dar munición a la manía prohibicionista.

Además, en los círculos new age y espirituales suele haber un buenrollismo que enfatiza la experiencia psicodélica como "amorosa", "luminosa", el encuentro con la unidad fundamental, la hermandad humana, etc., cosas que suelen desplazar la responsabilidad de ciertos actos del perpetrador a la víctima, de la que se dice que experimenta "resistencias internas", "desconexión" o, simplemente, un "mal viaje". No pocas veces los acusados vienen a reconocer sus "errores" cuando ya son muchos y llaman demasiado la atención, y aún entonces los minimizan como "parte de su aprendizaje" y anuncian que se retiran a procesos de "examen interior", mientras que

---

52. De interés particular el podcast Power Trip (https://www.psymposia.com/powertrip/), del colectivo Psymposia o este documentado artículo de Will Hall: "Ending The Silence Around Psychedelic Therapy Abuse" (2021) (https://www.madinamerica.com/2021/09/ending-silence-psychedelic-therapy-abuse/).

sus allegados continúan demonizando a las acusadoras por sus defectos espirituales u oscuras motivaciones. Como en el caso de muchas religiones, no pocas veces se ha excusado a los perpetradores bajo manto del bien más generalizado que supuestamente han hecho a una mayoría de personas.

A las dificultades asociadas a romper con el silencio, cabe añadir las barreras adicionales que representa tratar con las autoridades cuando la actividad misma en la que una está involucrada es ilegal. Es más, por razones obvias, una persona que habla con la policía no suele ser bien recibida en el ámbito psicodélico y hablar puede representar la pérdida de conexiones y redes de confianza que lleva tiempo labrarse. También, precisamente por ser un campo donde te mueves en la ilegalidad y operas a través de círculos de confianza, se tiende a dar a los practicantes un beneficio de la duda mucho más amplio que el que se daría en ámbitos más profesionalizados.

Algunos practicantes arguyen que la terapia psicodélica es un campo puntero y en proceso de construcción. Me parece una excusa pobrísima teniendo en cuenta que la psicoterapia tradicional tiene ya un amplio cuerpo de códigos deontológicos y guías sobre buenas prácticas. Si se plantea que la terapia psicodélica incluye componentes afectivos excluidos de las técnicas terapéuticas más habituales, entonces bastaría con un enfoque interdisciplinario que se sirva de la crítica feminista y *queer*, que tienen mucho que decir acerca de cuestiones sobre abuso y consensualidad. Es cuestión de voluntad, como lo evidencia este manual para la concienciación sobre el abuso sexual que el Instituto Chacruna (https://cdn.chacruna.net/wp-content/uploads/2019/06/Chacruna-Sexual-Awareness-Guidelines-Spanish.pdf), una organización sin ánimo de lucro, editó en respuesta a los crecientes informes sobre abusos.

Luces y sombras del renacimiento psicodélico

9
Enfoque lúdico o recreativo: jugar es un asunto serio

Si examinamos la evolución de las culturas psicodélicas en los últimos 20 o 25 años, el claro dominio de aproximaciones terapéuticas y farmacológicas, por un lado, y de enfoques de sanación holística, encuentros sagrados, o mística new age por el otro, nos podría hacer olvidar que durante un tiempo hubo también un fuerte componente contracultural, de oposición activa a valores establecidos, o simple experimentación en aras de la exploración personal o artística. Muchos contraculturales se ufanaban de que los psicodélicos, el LSD en particular, iban a ser un vehículo de transformación humana global. Hoy reconocemos que sus expectativas eran tan desmesuradas como algunas de sus personalidades, pero las acciones y discurso de sujetos como Tim Leary, Allen Ginsberg o Ken Kesey, aunados a las transformaciones en la música y la cultura de masas y la efervescencia social del momento, llegaron a alarmar a los poderes establecidos. Tanto fue así que el presidente Richard Nixon, el cabezacuadrada por antonomasia de la cultura estadounidense del siglo XX, calificó a Leary como "el hombre más peligroso de América".

La exploración psicodélica también alberga pulsiones contestatarias, libertarias, lúdicas, artísticas, experimentales... y no atenderlas es perderse parte de la experiencia. Puedo concurrir (y concurro) con un enfoque sacro o espiritual en que la experiencia con estas sustancias es trabajo de exploración interior en profundidad. Pero me cuesta tomármela con tanto rigor como para no tomar en cuenta la alegría que implican sus aspectos más vistosos, sensuales o bromistas[53].

Hay un refrán estadounidense que me encanta: "All work and no play make Jack a dull boy", o sea, "Mucho trabajo y poco juego hacen de Jack un tontaina". Verdad de la buena. Todos hemos conocido a alguno de esos trabajólicos permanentemente ocupados a quienes las muchas horas que ponen no parecen darles para un buen rendimiento, personas ambiciosas y estresadas que descuidan las relaciones, familia o incluso el cuidado de sí. Nadie dijo en su lecho de muerte "lamento no haber trabajado más" o "siento no haber ganado más dinero". A medida que el horizonte del futuro se estrecha, lo que se echa de menos en la vida son las oportunidades desechadas, las relaciones sin cultivar, el disfrute del ocio, todas esas cosas que siempre se dejan para cuando las condiciones sean óptimas, para descubrir, con frecuencia demasiado tarde, que **nunca lo son**. El encuentro visionario y las experiencias con empatógenos sintéticos son una manera de recuperar ese espíritu lúdico que anima la existencia que realmente vale la pena, más allá del deseo por aspiraciones socioeconómicas y estatus que nunca son suficientes.

Hoffman mantuvo durante muchos años, y así lo dejó escrito en su memoria *LSD. Mi hijo monstruo* que los psicodélicos podían proveer más beneficios a personas sanas que a enfermos mentales. Es probable, claro, que el concepto de enfermedad mental de un hombre de su generación fuera más restrictivo que el que tenemos hoy en día, pero creo que el principio se mantiene. No es necesario sufrir una condición mental incapacitante para beneficiarse de estas sustancias. Basta con algo de curiosidad, madurez, capacidad introspectiva, apertura de mente, algo de preparación previa y un entorno de apoyo.

"Pues no pides nada", dirán algunos. Insisto en que no es tanto. Cada día la gente sacrifica sus principios morales y sus inclinaciones naturales para someterse a trabajos alienantes, jefecillos tiránicos, clientes quejicas, colegas hostiles… Hay quien apechuga con situaciones familiares abusivas, relaciones

---

53. Algunos de mis aterrizajes han tenido momentos bastante cómicos que no cuento porque seguramente solo me parecen graciosos a mí, pero que no por eso dejan de ser chistes. Algunos viajeros reportan en sus experiencias encuentros con un pícaro o un bromista.

amorosas tóxicas o con una soledad densa como humo negro. Hay jóvenes que se comprometen con carreras que no les interesan para nada... Todos lo hacen por razones más o menos conscientes que implican una capacidad de entrega y sacrificio a largo plazo mucho mayores que el simple acto de rendición personal que representan las drogas visionarias. En condiciones de legalidad y normalización social, un viaje "heroico" no sería más que el equivalente mental de un día de ejercicio particularmente intenso.

Sospecho que uno de los grandes impedimentos contra el desarrollo de la investigación con psicodélicos ha sido que, aún ante la posibilidad de experiencias abrumadoras, tristes y alguna que otra aterradora, el hecho es que también son sensorialmente placenteras. Y eso, claro, no puede ser bueno según algunos.

La diversión tiene mala fama. A lo largo de la historia, no han faltado en todos los ámbitos sociales gente seca que con gesto hosco y voz severa nos recuerdan que esa cosa placentera o esa otra divertida son pecaminosas, desviadas, improductivas, contrarrevolucionarias, decadentes, degeneradas, antinaturales, infantiles, sexistas... Con frecuencia la censura de turno se debe menos a que su objeto sea moralmente indeseable que por el terror que les causa a algunas mentes el disfrute ajeno de aquellos goces que se vetan a sí mismas. Esto es obvio en el marco de las expresiones más intolerantes, pero lo cierto es que la religión, la política y el mercado siempre encuentran alguna manera de recordarnos que divertirse y pasarlo bien está mal. Lo mismo en lo tocante al concepto *agónico* que tenemos de la sanación, como una lucha o un esfuerzo intenso.

Esta actitud existe también dentro de algunos círculos de sanación. Ya dije más arriba que me choca bastante ver cómo algunos círculos le hacen oraciones a la Madre Naturaleza antes de ingerir MDMA. Hay opiniones, pero a mí me suena análogo a hacer peregrinaciones a los laboratorios Merck (los inventores de la sustancia) o pronunciar una alabanza cada vez que aparezca el símbolo MRK en las noticias financieras. Lo que ya me parece excesivo es el pudor con que algunos se expresan ante cierto vocabulario. Hay quien pretende proscribir las palabras "drug" (son "plantas medicinales") o "trip" (son "trabajos", "experiencias", o *journeys*[54]).

---

54. En castellano decimos "viaje" para hablar de experiencias visionarias o disociativas, mientras que

"Droga" tiene connotaciones de evasión o degeneración, mientras que la acción de "flipar" se considera propia de una persona poco seria o que está en esto para divertirse.

Entiendo que para quien crea sinceramente que estas sustancias son medicina, un sacramento, un vehículo para trabajar con los lazos comunitarios y/o un canal de comunicación con una realidad trascendente, su consumo con finalidades de exploración o meramente recreativas puede resultar trivial, cuando no ofensivo.

También entiendo que, en un marco de la normalización, los usos estúpidos, inmaduros o incluso peligrosos de estas sustancias se reconocerían mucho más abiertamente y por lo tanto serían más fáciles de reconocer o controlar, como de hecho ya ocurre con las sustancias legalizadas. La prohibición no impide el mal uso de las drogas. Al contrario, genera barreras informativas que lo facilita y un estigma social que impide prevenir o mitigar daños[55].

Hay personas involucradas en la investigación farmacológica que no quieren oír hablar de la flexibilización del uso recreativo de estas sustancias, pues entienden que pone en peligro la legitimidad de su uso terapéutico al que según ellas deben estar restringidas. No dudo de la sinceridad de algunos investigadores, aunque estoy convencido de que las motivaciones de algunos inversores se deben menos a la salud pública y más al deseo de acotar y apropiarse de un mercado.

en inglés se usa "trip", cuya traducción más adecuada sería "excursión". Me choca la renuencia a usar "trip" en ciertos entornos, pues me parece la expresión más adecuada a una experiencia acotada en el tiempo comparada con "journey" que me parece más bien una metáfora del recorrido vital.

55. Tampoco hace falta llegar a la prohibición total, como se manifiesta en la tóxica relación con el alcohol, en la cultura estadounidense, donde se da la paradoja de que está formalmente prohibido hasta los 21 años y a la vez es eje de socialización en múltiples contextos sociales. En España y muchos otros países con culturas vinícolas, la socialización progresiva de niños y adolescentes en el alcohol es común en contextos familiares, mientras que EE.UU. impone severas restricciones incluyendo penas de prisión y pérdida de custodia o potestad contra quien se atreva a hacer algo así. A la represión, únase la glorificación de la intoxicación en fiestas o para "dejarse llevar" en situaciones íntimas, y como resultado tenemos, aún a pesar de su legalidad, un código de silencio y una mística alrededor del alcohol que facilitan un uso irreflexivo y peligroso.

Desde una perspectiva de mercado, las preocupaciones de practicantes tradicionales y/o espirituales me parecen en cambio más legítimas. La forma en que ciertas sustancias se han integrado en circuitos de consumo global puede causar un daño irreparable a la relación que algunas comunidades mantienen con su ecosistema y amenazan la supervivencia de su cultura. Muy en contra de lo que presupone la alucinación capitalista, estos recursos no son ilimitados. Elaboro sobre esto en la sección final.

Comprendo la susceptibilidad ante la trivialización del uso de sustancias medicinales o sagradas, pero también aprecio un carácter excepcionalista en algunas de estas críticas, muy especialmente cuando vienen desde posiciones de privilegio social o económico. Me refiero a la pretensión de redimir socialmente solo algunos psicoactivos, especialmente aquellos cuya administración regulada pueda aportar beneficios a ciertos actores o grupos, sin cuestionar el débil fundamento argumentativo del prohibicionismo en general ni la violencia y represión que producen las instituciones que velan por su cumplimiento. Creo que no se puede hablar seriamente de "terapia" ni "sanación" cuando simplemente tomamos una parte de la farmacopea (natural y sintética) y la convertimos en un recurso más en el aparato de perfeccionamiento personal de minorías privilegiadas en el marco del consumismo capitalista, mientras que otra gente sigue enfrentándose a problemas de salud pública, degradación social y violencia institucional.

Ahora bien, ¿cómo ha de tener lugar esta liberación? Es justo plantear que nuestra relación con el alcohol no está exenta de problemas, es producto de un larguísimo período de socialización... ¡y estamos hablando de un solo psicoactivo! ¿Es deseable entonces una despenalización rápida o debe ser un proceso gradual? ¿Cuáles deberían ser los criterios para el uso responsable de sustancias que respeten la paz de quienes no desean tener nada que ver con ellas? ¿Quién velará por ese uso responsable y cómo debe responderse a las infracciones? ¿Qué restricciones debe incorporar la despenalización y/o la legalización? ¿Es deseable la simple despenalización si no se conocen plenamente los efectos de algunas sustancias sintéticas? ¿Es deseable la legalización y regulación por una agencia estatal de sustancias naturales cuyo uso tradicional ya está establecido en algunas comunidades y espacios por generaciones, cuando no siglos?

Estas son cuestiones muy importantes que deben dirimirse entre expertos, pero también por las partes implicadas. Debe hacerse de forma abierta y transparente, libre del sensacionalismo, escándalo y alardeo moralista tan comunes en los medios y el discurso político. Por ahora, las sociedades prohibicionistas no están en condiciones de permitir un debate serio, ni tampoco, creo, el aparato capital y discursivo de ciertos entornos corporativos, profesionales y (supuestamente) espirituales, aunque sí creo que se están dando pasos positivos significativos, como comento en la última sección.

El sociólogo Carl Hart tiene mucho que decir en su impagable *Drug Use for Grown-Ups* sobre el clasismo, e incluso racismo, implícitos en este "excepcionalismo psicodélico". Acusa que pretender que no son drogas por ciertas condiciones institucionales o rituales en su uso es dárselas de limpio. Los enfoques terapéutico y sagrado pretenden representar una clase "superior" de sustancias y por ende de usuarios, mientras que no se contempla a otros que están más expuestos a la acción punitiva de las instituciones.

Aunque creo que Hart juzga con excesiva severidad a las comunidades psicodélicas[56], concuerdo con él y con otros intelectuales de este enfoque, que yo llamo lúdico, en que la liberación debería darse con todas las clases de psicoactivos, o no será una verdadera liberación. Basta con atestiguar los estragos causados por la política prohibicionista en Estados Unidos y en México. No puedo concebir un uso sano o incluso ético de las drogas visionarias en un marco legalizado o despenalizado que favorece a una clase especial de usuarios mientras que una política draconiana e irracional continúa brutalizando y trayendo miseria a comunidades enteras.

---

56. No me parece indefendible por ejemplo que, en vista de sus efectos visiblemente menos nocivos, los psicodélicos, especialmente los que se dan en estado natural, puedan servir de punta de lanza en una aproximación escalonada a la despenalización, legalización y normalización de los psicoactivos. Tampoco estoy de acuerdo, por último, en su afirmación que quienes usamos la palabra "psiconauta" lo hacemos porque nos queremos distinguir de "usuario", un concepto con connotaciones raciales en Estados Unidos. "Psiconauta" tiene solera, lo acuñó el escritor Ernst Jünger antes de la infame "Guerra contra las drogas" de Nixon, y hace referencia al uso de drogas como forma de exploración interior, que el propio Hart defiende con énfasis. (Reconozco, eso sí, que Jünger es una figura cuestionable por otras razones).

Enfoque lúdico o recreativo

Mientras que las aproximaciones terapéuticas u holísticas-sagradas tienen un enfoque práctico, este enfoque lúdico o liberacionista opera más en función de principios, empezando por el de la libertad cognitiva. En una sociedad realmente democrática, una persona debería tener el derecho a alterar su estado físico y mental como le parezca conveniente, siempre que eso no conlleve daños ni perjuicios a otras personas. Esto es algo que en España aceptamos en lo tocante al alcohol: aun cuando sus efectos nocivos potenciales están ampliamente documentados, se acepta su uso social y se establecen una serie de controles institucionales para mitigar daños. Su uso excesivo suele estar mal visto, pero no se criminaliza al usuario mientras ese mal uso no cause un daño a otra persona.

Es apasionante la lectura del alegato a favor de la liberación del uso de drogas por el Dr. Hart, quien admite públicamente y por escrito su uso de heroína, consciente de las dificultades y el desprestigio que le pueden causar. Él es miembro de una minoría oprimida y brutalizada y antiguo agente del aparato legal (trabajó para el National Institute of Drug Abuse, un organismo gubernamental). Por eso me conmueven sus precisas acusaciones al historial racista y represivo de la legislación antidroga y contra el oscurantismo de los apóstoles del prohibicionismo. Es un hombre valiente que ha defendido sus ideas en medios hostiles como el fascistoide canal Fox News y ha sufrido amenazas de los matones de Rodrigo Duterte durante una estancia en Filipinas. La causa liberacionista necesita más personas como él.

También es preciso tomar en cuenta la cuestión del privilegio. Por su escritura y sus intervenciones públicas, está fuera de duda que Hart es un tipo brillante, maduro y reflexivo, cualidades que, sin duda, deben servirle al gestionar su uso de psicoactivos. Pertenece a una clase profesional que conozco bien porque es la mía, la del profesorado universitario con "tenure" o permanencia, con unas protecciones poco comunes bajo el feroz régimen del capitalismo estadounidense[57]. Ningún profesor se mete en esto por dinero, puedo asegurarlo, y es una profesión con sus presiones y frustraciones, pero que goza de una flexibilidad en las condiciones de

---

57. No así la clase cada vez más numerosa de *adjuncts*, el equivalente a los profesores asociados en España.

trabajo que favorece la reflexión, facilidades para gestionar el propio horario y períodos sabáticos ocasionales. Se puede defender que el profesor universitario suele tener un intelecto con capacidades para la distancia analítica, el pensamiento integrativo, la introspección y la autocrítica, cualidades que posiblemente faciliten navegar algunos psicodélicos con más comodidad que temperamentos más impulsivos, vehementes, fabuladores o inconscientes. Si esto es verdad, es justo preguntarse si sujetos que no tengan las cualidades del Dr. Hart ni que gocen de sus condiciones podrían navegar los psicoactivos de la misma manera.

Reconozco que me he aproximado peligrosamente a la actitud elitista de un Ernst Jünger, para quien el uso de drogas visionarias debía limitarse a una "clase especial" de personas (y así fue de hecho en muchas culturas antiguas). Por mi parte, yo querría que cualquier persona en la condición física y mental apropiada pudiera experimentar con cualquier psicoactivo si lo desea, sin más barreras legales, morales y económicas que las estrictamente necesarias en una sociedad libre y democrática. Pero es muy probable que sean pocos quienes puedan tomar drogas visionarias en soledad y tengo dudas de que hacerlo siempre así sea deseable. Un uso libre, normal y saludable debe incorporar un entorno comunitario que guíe y facilite el viaje y la integración tras el retorno, y que lo haga de una forma igualitaria, respetuosa y compasiva. Es posible llegar ahí, pero no creo que pueda ocurrir de la noche a la mañana.

Las drogas existen y la gente va a continuar utilizándolas. No son problemáticas las drogas en sí, sino su mal uso. Los problemas que causa se solucionan con información objetiva y veraz y apoyo, no escandalizando, estigmatizando ni criminalizando. No hay razón sensata para prohibir el uso de sustancias naturales mientras no sea para causarle daño a alguien. Ni hay razón para restringir el uso de muchas sustancias sintéticas más allá de los controles ya existentes para muchos medicamentos legales.

Excurso: Reducción de daños

El clasismo que mencionaba más arriba se manifiesta a veces en un dicho bastante común, sobre todo en los enfoques más holísticos o sacros: "No hay malos viajes, hay viajes difíciles". Como ya dije, por algún tiempo creí en esta insensatez porque las drogas empatógenas y visionarias casi siempre han tenido efectos muy favorables en mí y confío que continúe siendo así. Pero sí he vivido algunas situaciones perturbadoras y tenido ocasión de testimoniar un par de malos viajes. Entiendo que no es bonito para quienes los padecen. Los dos sufridos psiconautas me comunicaron después que la experiencia valió la pena y aprendieron mucho de ella. Pero los dos tuvieron la suerte de contar con la presencia de personas muy dedicadas para apoyarlos en ese trance. La experiencia psicodélica puede ser traumática para algunas personas, especialmente cuando hay un manejo pobre de la intención y el contexto.

Me he permitido esta digresión para introducir el "*harm reduction*" o reducción de daños, uno de los movimientos dentro del liberacionismo que más ha hecho por un consumo de drogas informado y seguro. La ilegalidad, más que prevenir males, los facilita: impide la difusión de información fiable sobre sustancias, incentiva la adulteración y trampeo en el mercado ilegal, y causa renuencia a buscar atención médica en caso de intoxicación.[58]

La reducción de daños es un movimiento que tiene sus orígenes en la difusión de información sobre el SIDA en discotecas y saunas gays de Estados Unidos cuando el gobierno del presidente Reagan se lavaba las manos sobre el asunto con criminal indiferencia. De manera análoga, aquí se trata de grupos que plantan tiendas junto a *raves* o bares donde se consume activamente y proveen información para un uso seguro, análisis rápido y atención y cuidado a quien esté pasando un mal trago.

---

58. Piensa en la cafeína. Es una droga "blanda", ¿verdad? Ahora imagina que la ilegalizan. De repente tienes un alto volumen de consumidores que se ven arrojados a la clandestinidad. Con las barreras al acceso suben los precios. Con la subida de los precios viene el incentivo a proporcionar el mayor "subidón," con lo que se van concentrando las dosis. A la vez, varían los métodos de administración, cada vez más arriesgados. Aumentan también los engaños y la introducción de elementos adulterantes o tóxicos en la sustancia. Como el estigma y la criminalización inducen asimismo a su uso en secreto sin supervision de la comunidad o agencias de salud pública, aumentan también las intoxicaciones. Y ni siquiera entro en la violencia que genera la ilegalización de un producto con un uso tradicional establecido y una demanda ya existente. Si esto te parece exagerado, que sepas que ha ocurrido y continúa ocurriendo (https://filtermag.org/infographic-the-iron-law-of-prohibition/) con muchas otras sustancias.

Uno de los grupos de *harm reduction* con más solera es el proyecto Energy Control, originado en Barcelona a finales de los 90, en cuyo despacho se pueden analizar compuestos sintéticos a cambio de información estadística. Ellos son quienes dan la alarma cuando llegan mercancías contaminadas y seguramente se les deben más vidas a ellos que a cualquier ley prohibicionista o incautación policial publicitada a bombo y platillo por los medios de comunicación. Esas que normalmente sólo sirven para subir precios y empeorar la calidad del producto a nivel de calle.[59]

La colonialidad del flipe

Cuando defiendo un uso libre y responsable de las sustancias psicoactivas, entiendo esta libertad y responsabilidad en un sentido amplio que se extiende más allá de un individuo y todos aquellos con quienes se encuentre en contacto social inmediato. En esto debo decir que no concuerdo con la posición de un venerado intelectual "lúdico" como Antonio Escohotado, para quien la polémica sobre las drogas terminaba en la despenalización y el uso libre por cada individuo. Una posición así deja demasiados cabos sueltos, empezando por la rehabilitación a las personas y comunidades violentadas por las cruzadas morales, económicas y militares contra la droga.

Además de un uso responsable para sí mismo y de cuestiones de justicia histórica, creo que tiene que haber un uso ético que tome en cuenta el contexto amplio del consumo de estas sustancias.

Aproximadamente el 90% de sustancias psicodélicas naturales se pueden encontrar en Latinoamérica. Esto no es una casualidad. El uso de psicoactivos estaba extendido en muchas culturas en todo el globo hace solo unos pocos siglos, pero los devenires culturales y materiales, especialmente los ligados a las religiones monoteístas, el colonialismo y la industrialización, fueron erradicando su uso y su presencia en muchos ecosistemas. Si han sobrevivido tantas sustancias en el mundo latinoamericano se lo debemos agradecer a la resiliencia de unos cuantos

---

59. Más información sobre Energy Control en este artículo de eldiario.es (https://www.eldiario.es/catalunya/si-quieres-elige-no-mezcles-energy-control-reveluciono-atencion-usuarios-drogas-25-anos_1_9211636.html?fbclid=IwAR3q_z1RwmeWaOSD1irokoj81q9UxDC4-tQUudbBvM4jj_XRpXgzxVXei-o)

pueblos indígenas y su tenacidad en preservar sus tradiciones, con frecuencia frente a siglos de racismo de los europeos y sus descendientes, las agresiones de operaciones extractivas como la minería y los grandes monocultivos, la desigualdad jurídica, el menosprecio cultural y la desatención de las instituciones.

Estas agresiones continúan a día de hoy y, de hecho, las prácticas consumistas construidas alrededor de algunos psicodélicos reflejan las relaciones de poder en el orden racial creado durante siglos por el colonialismo y el capitalismo extractivo, y la consecuente destrucción de los hábitats de donde estas mismas plantas son nativas. A macroprácticas que amenazan los ecosistemas locales como la minería, la agricultura industrial o, más allá del entorno inmediato, actividades causantes del calentamiento global, se añaden microprácticas como la afluencia creciente de forasteros y el consumo global creciente de estas plantas.

Plantas y prácticas espirituales están siendo apropiadas por circuitos de turistificación y consumo global, o por la amenaza de las exclusiones de la propiedad intelectual, sin ningún reconocimiento ni reciprocidad para los habitantes de regiones que con frecuencia sufren una fuerte presión de la extracción corporativa global. Es una ironía atroz que mientras que en los países ricos se están gastando millones y millones en el desarrollo de estas nuevas terapias psicodélicas, las comunidades que han preservado la flora de la que dependen esas terapias se ven amenazadas en diferentes maneras: pérdida de cultura y lengua, violencia de corporaciones agrícolas o mineras, marginalidad, indefensión jurídica...

Ocurrió en los años 60 y 70 que el sujeto occidental, agobiado y vacío, miraba un mundo oriental romantizado como repositorio de una supuesta autenticidad espiritual. Ahora ocurre algo parecido con la mirada que el sujeto postmoderno y urbano del Norte global proyecta sobre el mundo indígena, sin atención a cuestiones espinosas como el legado colonial, las relaciones de poder socioeconómico *in situ*, el verdadero rol que fungen en una comunidad individuos que se representan como sanadores o líderes espirituales, o el impacto que puede tener un aumento descontrolado de la afluencia turística a estos lugares.

Hay opiniones para todo. Se dice que Gordon Wasson lamentó que su artículo en Life Magazine (https://bibliography.maps.org/bibliography/default/resource/15048) contribuyera a convertir el municipio de Huautla, Oaxaca, en una suerte de Disneylandia psicodélica. Hoy es un tópico recurrente hablar de la degradación de las tradiciones mazatecas en el lugar, aunque hay lugareños que manifiestan un recuerdo grato de los hippies y quien señala que el problema lo tuvieron quienes veían cómo esa afluencia foránea y el dinero e intercambio de ideas que trajo contribuyeron a alterar algunas estructuras de poder tradicionales[60].

En cambio, el antropólogo Wade Davis suele comentar en sus apariciones públicas que hay más chamanes ayahuasqueros en Iquitos, Perú, que indígenas shipibo en todo el Amazonas. Tal vez son demasiados los retiros de sanación, en Iquitos y en tantos otros lugares, donde se suele ofrecer intercambiablemente ayahuasca, huachuma, peyote, kambô, ibogaína, y tantas otras, como si fueran la oferta variada de un menú en un restaurante "exótico", sin ninguna atención al contexto cultural y las prácticas que existen alrededor de cada sustancia. Pero, eso sí, con la presencia de un neochamán, de origen indígena o mestizo, que muchas veces no tiene más función que imprimirle un sello de autenticidad a una experiencia pensada para las sensibilidades occidentales para las que la comprensión de lo "indígena" no suele ir más allá de un plumaje folklórico, pintoresco. En marcos así el enfoque suele caer en la sanación de un individuo privilegiado que se desplaza en avión y paga por un servicio puntual, y que no suele tener un interés real por comprender la dimensión ritual tradicional de las

---

60. En una charla durante el Simposio Internacional sobre Psilocibina (https://www.youtube.com/watch?v=hRTUSaJ8fLM) que llevaron a cabo Chacruna Latinoamérica y el colectivo académico Vía Sinapsis, el investigador Osiris García Cerqueda de la Benemérita Universidad Autónoma de Puebla comentaba que las tradiciones mazatecas siguen vivas y bien. Que el entorno cambió, ciertamente, pero eso fue un problema más para quienes no veían con buenos ojos la alteración de la jerarquía social basada en la economía del café (otra "interferencia" del exterior que ya existía en el territorio desde antes) y que si bien mucha gente hizo y sigue haciendo gran negocio con la venta, cultivo y hospedaje, las tradiciones alrededor del hongo perviven dentro de la comunidad. Con esto nos recuerda que las comunidades indígenas no son siempre los espacios de fragilidad e indefensión imaginados por algunos bienintencionados académicos occidentales, sino que tienen sus propias formas de defender el legado cultural, así como de dinamizarse y transformarse en virtud del contacto con influencias foráneas.

prácticas alrededor de la planta o el carácter comunitario implícito en las nociones de sanación de muchos de estos pueblos.

Estas apropiaciones suelen implicar, si no una falta de respeto directa, cuando menos falta de consideración por sociedades que han preservado el conocimiento sobre estas plantas mientras afrontaban violencia, expulsiones, racismo y ninguneo. Pero hay algo todavía peor que la violencia simbólica o la prepotencia cultural, y es que el modelo consumista, sin atención a los ciclos de reproducción y maduración de algunas de estas plantas, hace que su supervivencia corra peligro.

Por ejemplo, la afluencia de forasteros a territorio wixárika ("huicholes" en castellano), combinado con la economía extractiva de los monocultivos y la minería, amenazan la supervivencia en estado natural del cactus del peyote (*lophophora williamsii*), que ocupa un lugar central en uno de los ritos de este pueblo. En Gabón, la explosión de las terapias con ibogaína y la proliferación de vendedores en línea han llevado al robo de plantas de iboga en bosques nativos, hasta el punto de que los practicantes locales de la religión bwiti tienen ahora dificultades en encontrarlas para sus ritos. El creciente interés por el 5-MeO-DMT, el componente activo en el veneno del sapo bufo, amenaza la supervivencia de este animal en el futuro próximo. No hace falta decir que los desiertos son hábitats muy frágiles: y que la afluencia de coches pone a estos animales en peligro, ya que la luz de los faros los paraliza, es más, ya hay evidencias de sustracción de los animales para "ordeñarlos" con más comodidad en casas y luego abandonarlos en cualquier lugar.

Ante la escasez por el sobreconsumo, un psiconauta global a lo mejor puede irse a buscar otra planta o molécula en su búsqueda de sanación o en el ejercicio de su libertad cognitiva, mientras que un pueblo con menos opciones de movilidad y económicas acaba de perder algo más que una simple opción de consumo: ha perdido un componente esencial de su cultura.

Para una parte significativa del público consumidor, estas sustancias son simplemente un producto de consumo para sanación, mejora o expansión personal, completamente desligadas de hábitat, territorio y cultura. ¿Recuerdan eso que se dice que la sidra sabe diferente cuando te la tomas fuera de Asturias? Si respetamos nociones como el *terroir*, herencia cultural o entorno climático en las culturas del alcohol, plantas medicinales como el peyote, que son parte de una integración ecológico-cultural que tiene milenios de existencia, no deberían ser menos, más teniendo en cuenta que tienen una importancia fundamental para la cosmovisión y conciencia de sí que tienen algunos de estos pueblos.

La desaparición de ciertas plantas en estado salvaje no sólo tiene un efecto devastador en la identidad y autonomía culturales de los pueblos originarios, sino que puede, en virtud del sistema de patentes, volver a estas poblaciones dependientes de corporaciones extranjeras para la continuación de sus ritos, que conllevan el cumplimiento de unas obligaciones sagradas con los ancestros y la posteridad.

En su artículo "Los rastros coloniales del renacimiento psicodélico" (https://chacruna-la.org/rastros-coloniales-renacimiento-psicodelico/), Diana Negrín plantea que el aumento del interés por estas plantas requiere una reflexión sobre la huella ecológica y cultural que pueden dejar ciertos excesos. Propone que un uso ético debe cumplir con estos requerimientos:

1º Protección de los hábitats de estas plantas y animales.

2º Promover la educación medioambiental y cultural para que el público más amplio comprenda y respete la historia, prácticas y mandatos tradicionales relativos a cada planta..

3º Priorizar prácticas que enfaticen la humildad, colaboración y horizontalidad en la relación de científicos, terapeutas y visitantes foráneos con las comunidades indígenas.

En el otro extremo, las pretensiones de autenticidad también tienen sus peligros. A mí me causan bastante gracia ciertos puristas que dictan que la experiencia de tal o cual planta debe realizarse en tal lugar, con gente de tal pueblo, o en tales condiciones rituales. Habrá quien lo crea sinceramente, pero también los hay con otras motivaciones. Por mi parte, entiendo que ningún colectivo humano (y aquí incluyo a los ejecutivos de empresas farmacéuticas, gurús tecnocráticos y grandes inversores) puede ni debe arrogarse el monopolio de determinar cuál es la forma más genuina o beneficiosa de consumir una planta o sustancia. Lo que no es de recibo es que mi sanación o mi libertad cognitiva se desarrollen a expensas de practicantes tradicionales en virtud de un mercado que se mueve al ritmo que dictan los más privilegiados.

Cualquier espíritu agradecido por el bien que hacen estas sustancias debería estar de acuerdo en tomarlas de una forma que no ponga en peligro sus hábitats ni los derechos de los practicantes tradicionales. Y si desea la experiencia de hacerlo *in situ*, debería pasar por un proceso de educación medioambiental y cultural que le lleven a comprender la historia, prácticas y mandatos que existen alrededor de una medicina específica. De igual modo, la investigación científica también debería hacer esfuerzos por evitar su atávica actitud etnográfica y extractiva que causa tantas justificadas reticencias entre pueblos indígenas.

Luces y sombras del renacimiento psicodélico

10
Algunos pasos para el futuro

Después de todas las críticas que he realizado en la segunda mitad de este ensayo, podría parecer que en realidad no soy tan favorable a este "renacimiento psicodélico". Aunque no me acaba de gustar el término "renacimiento", tan convencido estoy de las bondades de las drogas visionarias que no pierdo ocasión de aconsejar a quien tenga tiempo y ganas de iniciarse en el tema, seguir un curso de lecturas (al final de este texto recomiendo algunas) e introducirse a ellas escalonadamente. Pero precisamente por lo mucho que los valoro y me interesan, creo que comprendo un poco los baches y trampas que se pueden encontrar en el camino a la desestigmatización y normalización en el uso de psicoactivos.

Guardo cierto escepticismo hacia quienes auguran que los psicodélicos contienen una potencial revolución en la salud mental, en la relación de los humanos con el medio ambiente o una percepción renovada de la humanidad como un ente unificado. Las drogas visionarias y los empatógenos pueden ser una herramienta fundamental para contribuir a estos objetivos, y urge trabajar por que haya un uso normalizado, cuanto más pronto mejor. Pero no veo en ellas el remedio mágico que parecen imaginarse algunos, especialmente quienes tienen intereses creados al respecto. Si existe una "crisis de salud mental" en el mundo moderno, como se suele insistir, esto no lo ha arreglado ni lo va a arreglar nunca pastilla alguna.

No basta con medicinas "más fuertes" o "mejores". Falta sobre todo un contexto socieconómico y cultural que nos facilite llevar mejores vidas que las que llevamos. En un marco socioeconómico de desconfianza mutua, miedo al futuro, estrés laboral, consumismo vacío..., un tratamiento médico solo ataca los síntomas, no las causas, y sólo sirve para volvernos más productivos en la creación de valor para la cada vez más reducida casta de amos del capital.

Del mismo modo, me pregunto de qué le sirve sentirse más conectada a la naturaleza a una persona que después de su sesión tenga que volver a un medio urbano degradado. Y también me pregunto cuánta "conexión transpersonal" pueden experimentar realmente los privilegiados que consumen estas sustancias en retiros de lujo y comparten experiencias en un solo lenguaje global con gente que se parece mucho a ellos, si no étnicamente, sí en valores, prácticas de consumo, hábitos culturales y visión del mundo.

En sus novelas *Un mundo feliz* y *La isla*, Aldous Huxley previó una dictadura y una utopía químicas, respectivamente. Como buena ciencia ficción, las obras de Huxley especulaban sobre las potencialidades de su presente, que no es tan diferente del nuestro. Si de verdad nos importan la sanación y la interconexión humana, necesitamos reflexionar sobre dónde nos encontramos y de qué forma vamos a crear el mundo que queremos. La ilusión de algunos de los más exaltados promotores de estas drogas de que las soluciones a los retos presentes emergerán por sí solas en función de la buena voluntad de los actores implicados no toma en cuenta la rigidez del sistema capitalista de acumulación de valor y la toxicidad de sus incentivos, que siempre serán más fuertes que la buena voluntad de cualquier individuo.

Por eso los cambios deben ser reflexionados, consensuados y examinados críticamente. Temo que el énfasis en la medicalización y el crecimiento del capitalismo psicodélico están animando un discurso reduccionista que se presenta como científico, pero que en realidad solo es marketing al servicio de la industria farmacológica y el capital riesgo. Eso en el mejor de los casos, porque en los peores estaríamos hablando de extracción de datos al nivel más íntimo de la persona o, como se deja entrever en algunos arrebatos de exaltación optimista de venerados investigadores como Robin Carhart-Harris o Rick Doblin, de pura ingeniería social. Quisiera equivocarme.

Algunos pasos para el futuro

El mismo concepto de "renacimiento psicodélico" oculta el hecho de que a pesar del prohibicionismo, las prácticas indígenas tradicionales, el neochamanismo, la terapia clandestina y las exploraciones comunitarias continuaron existiendo. El capitalismo psicodélico representa como "expertos" a individuos relativamente nuevos en el espacio mientras que recurre a estrategias de cooptación o ninguneo con practicantes y activistas que llevan décadas en el tema. Una práctica común en años recientes ha sido cooptar el prestigio de practicantes con más solera invitándolos a eventos o conferencias, con la única función de imprimir un sello de legitimidad a actos promocionales. O, simplemente, ninguneando el cuerpo de conocimiento acumulado por la contracultura, la ciencia ciudadana y la terapia clandestina desde hace décadas (siglos, si contamos además el conocimiento indígena) representando la investigación de corporaciones privadas como "nuevos descubrimientos" (que, por supuesto, deben patentarse).

Es necesario incorporar y reconocer la experiencia ya existente, así como el enfoque crítico que pueden aportar ramas como el derecho[61], la antropología o la teoría crítica. Estas disciplinas pueden trazar un camino más humanitario hacia la normalización de los psicoactivos. Por ejemplo, esta normalización debería incorporar una rehabilitación y reparaciones a comunidades dañadas por la legislación prohibicionista y la militarización de la estrategia antidroga, que ha tenido características de guerra en algunos entornos urbanos y zonas rurales empobrecidas. La normalización de los psicoactivos debería pasar asimismo por políticas de reciprocidad y compensación a las comunidades que han preservado el conocimiento de estas sustancias de una forma que asegure su existencia y la de sus prácticas de una forma digna y sostenible.

---

61. Un tema en el que no me he atrevido a entrar en profundidad en estas *Luces y sombras* es el debate entre descriminalización y legalización. Aunque algunos expertos opinan que son dos estrategias hacia un mismo objetivo que se pueden emplear simultáneamente, una tiene numerosos agujeros mientras que la otra crea barreras. Un régimen de descriminalización, por ejemplo, excluye cuestiones como controles de calidad o límites razonables a la tenencia. Por otro lado, los regímenes de legalización pueden, por vía de leyes y regulaciones, crear barreras de acceso discriminatorias contra practicantes tradicionales. Por mi parte, entiendo que la descriminalización sería la ruta más deseable en lo tocante a hongos y plantas, mientras que los productos sintéticos requerirían de los mayores controles que permitiría su legalización, pero esto solo es una opinión personal y no puedo afirmar que me base en un conocimiento disciplinario en particular.

Precisamente porque muchas de las tradiciones en plantas medicinales han sido preservadas por grupos indígenas, resulta chocante que la mayoría de rostros visibles del "renacimiento psicodélico" en el Norte global continúen siendo los de hombres blancos. Uno se pregunta cuáles pueden ser las consecuencias de que un grupo tan homogéneo tome las decisiones y ejerza una posición de poder. Una normalización social de las drogas visionarias requeriría también una mayor diversidad demográfica en las posiciones de liderazgo, que sea representativa de la heterogeneidad que existe en los espacios más tradicionales o alternativos.

Por temor a la represión prohibicionista y por un buenrollismo mal entendido, las comunidades psicodélicas han sido excesivamente reticentes a la hora de apartar y responsabilizar a algunos practicantes abusivos. Afortunadamente, hay signos de que esto está cambiando, pero no basta con los *mea culpa* de algunas organizaciones muy influyentes en el terreno que desoyeron las quejas de algunas víctimas. Urge una mayor discusión abierta entre comunidades de usuarios sobre el potencial de prácticas abusivas y facilitar educación sobre como reconocerlos, prevenirse y denunciarlos.

También creo que sería deseable que diferentes territorios y naciones, y comunidades dentro de estas, desarrollaran sus propias culturas psicoactivas. Aprecio una marcada tendencia en comunidades de España y México a replicar el discurso vigente en Estados Unidos y creo que habría que resistir su potencial uniformizador. El "renacimiento psicodélico" en Estados Unidos ha tomado una forma particular, fuertemente influenciada, por un lado, por la terapia farmacológica promovida por algunas universidades de investigación y grandes capitales, y por otro, por comunidades que buscan ampararse en las protecciones de libertad de culto de la Primera Enmienda constitucional. La cultura psicodélica en EE.UU. tiene la forma que tiene en virtud de su marco legal y cultural. Esto no significa que otros países deban imitar sus soluciones irreflexivamente, como temo que está ocurriendo en algunas intervenciones que he visto. En el caso de México, por ejemplo, por la sencilla razón de que las plantas medicinales ya forman parte de su acervo cultural ancestral. En el caso de España, la onda religiosa estadounidense casa mal con el giro laicista de las últimas décadas y, puestos a seguir modelos ya existentes, los hay más exitosos, sanos y culturalmente próximos, como la despenalización en Portugal.

Por último, el anhelo de una supuesta autenticidad en la espiritualidad oriental o indígena propende a apropiaciones que descaracterizan al modelo original para convertirlo en un objeto de consumo de la cultura que los adopta, creando a la vez incentivos tóxicos en la cultura de origen para venderse como un producto de consumo. Las culturas de raíz europea tienen un vasto acervo de prácticas mistéricas, espirituales y de sanación que permitirían contextualizar la experiencia visionaria contemporánea (ver apéndice). Por supuesto, no existen las culturas "puras", siempre ha habido intercambios. Pero en vez de embarcarse en apropiaciones coloristas y descontextualizadas de prácticas y cosmovisiones ajenas, las culturas de raíz europea harían bien en reconectar con su propia tradición psicoactiva y acaso regenerarla adaptada a los nuevos tiempos.

Quiero aclarar que no estoy hablando, en absoluto, de ningún reconstruccionismo etnicista al modo de ciertas nuevas plataformas fascistoides, que suelen hacer gala de una comprensión reduccionista y patosa de las culturas europeas premodernas, limitada a las supuestas prácticas de una casta guerrera.

Hablo, más bien, de reprovincializar las culturas europeas a través de las drogas visionarias. Para ello, sería preciso empezar por despojarlas de sus ridículas pretensiones de universalidad, esa creencia de raíz hegeliana que viene a representar la modernidad europea como síntesis y pináculo de las realizaciones humanas. Hablo de releer sus mitos, prácticas, creencias y lugares comunes como expresión de las condiciones creadas por un entorno, un tiempo y unas relaciones materiales específicas. Territorios, coyunturas, hablas, símbolos y prácticas dieron lugar a unas visiones que tenemos el potencial de reconstituir sin poses místicas orientalistas o indigenistas, que algunos siguen con fervor genuino pero que muchas veces son solo imposturas que se apropian del lenguaje y visiones de otros de forma desvirtuada.

11
Despedida

Hasta aquí algunas ideas y reflexiones. Como ya dije desde el principio, no soy un experto. Soy tan sólo una persona que vivió un giro radical en su vida cuando ya no esperaba más de ella. Me han guiado la curiosidad, algo de apetito aventurero y gente sabia y generosa que me he ido encontrando por el camino. También he tenido la suerte de contar con la comprensión, apoyo y crítica razonada de muchas amistades.

También estás tú, claro. Nos conozcamos o no, me has motivado a escribir todo esto y tú has tenido la paciencia de seguirme hasta este punto. Te lo agradezco. Escribir esto, supongo, es parte de mi propio proceso de integración y tú ya me estás ayudando con haber llegado hasta aquí. Espero, confío, si no es demasiada presunción, que te habrá servido a ti también. A lo mejor esto te permitirá comprender mejor a quienes decidimos seguir el camino de estas sustancias. Acaso te motive a investigar un poco, para lo cual te dejo algunas sugerencias más abajo. Si decides seguir este camino, ojalá que nos encontremos en el otro lado.

Empecé a escribir *Luces y sombras del renacimiento psicodélico* en Barcelona el diciembre de 2021, y lo terminé en San José, California, en marzo de 2022. Continúo haciendo lo posible por educarme en esta materia. Ana Luengo, amiga y amada, leyó y comentó las versiones iniciales de este texto. Agradezco también el apoyo y comentarios de mis amigos y cómplices durante la primera aparición de este texto en forma seriada en mi Substack *Estados extraordinarios*: Verónica Añover, Antonio Córdoba, Gerard Falip, Chabela Luengo, Juan Pablo Lupi, Santiago Morales, Raimundo Viejo Viñas. Juan Carlos Usó y Xavier Vidal Benet apoyaron su publicación en Ulises Ediciones Expansivas.

Sugerencias de lectura

Para no iniciados, aconsejo:
Don Lattin, *La nueva medicina psicodélica*. Ediciones la Llave.
Michael Pollan, *Cómo cambiar tu mente*. Debate.

Contra el prohibicionismo:
Araceli Manjón-Cabeza. *La solución*. Debate.
Carl Hart. *Drug Use for Grown-Ups*. Sin traducción al castellano.

Existen una gran cantidad de manuales de uso, desde los generalistas a los enfocados en una sustancia. Cito dos de los más accesibles:
James Fadiman. *Guía del explorador psicodélico*. Gaia Ediciones.
Ralph Metzner. *Allies for Awakening*. Sin traducción al castellano.

Historia de los psicodélicos en España:
Juan Carlos Usó. *Spanish Trip*. La Liebre de Marzo. 1ª edición digital en la red (https://www.ulises.online/libros_ulises/spanish-trip/).
Josep M. Fericgla. *El bolet i la gènesi de les cultures*. Alta Fulla. Trad. cast. *La seta y el génesis de las culturas*. La Liebre de Marzo

Publicaciones periódicas:
Cáñamo (https://canamo.net/). Periodicidad mensual, centrada en el cannabis pero con noticias ocasionales sobre psicodélicos.
Ulises (https://www.ulises.online/). Anual, dedicada en particular a las drogas visionarias.

Debo apuntar por último que, para ayudarme a adquirir una conciencia más crítica sobre el mundo psicodélico, han sido instrumentales las ponencias del Instituto Chacruna y su recopilación de artículos *Psychedelic Justice*, así como los artículos del colectivo Psymposia (https://www.psymposia.com/) y su podcast asociado, Plus Three (https://www.psymposia.com/podcasts/plusthree/). Me parecen imprescindibles asimismo los artículos de Shayla Love en Vice.com.

Luces y sombras del renacimiento psicodélico

Apéndice A: Terminología

La definición médica del efecto alucinógeno es demasiado amplia para cuadrar dentro del sentido coloquial de "alucinación", que por lo general se refiere a una sensación subjetiva que no ha sido producida por una impresión física externa. Las alucinaciones son disrupciones en la percepción relativamente comunes en una mente normal, solo que normalmente son demasiado triviales y breves como para que nos demos cuenta de ellas. La droga alucinógena, según la definición clásica de Leo Hollister en *Chemical Psychosis*, es aquella que produce una alteración sustancial del pensamiento, percepción o humor; no suele conducir a estupor, sueño o estimulación excesiva, ni incapacitaciones en la memoria, la inteligencia o el sistema nervioso autónomo; no suele ser adictiva. Observarás que esta definición habla más de lo que los alucinógenos no hacen que de lo que hacen.

Se suele clasificar los alucinógenos en tres categorías, en virtud de sus efectos subjetivos, mecanismo de acción y composición química: psicodélicos, disociativos y delirantes. Ocurre sin embargo que no hay acuerdo en que la distinción entre estas esté tan clara, al menos en lo tocante a sus efectos. Además, con frecuencia los términos alucinógeno y psicodélico se han utilizado intercambiablemente. Por si fuera poco, se han introducido otros términos recientemente, como "enteógeno", que, si bien no tienen mucho favor en la literatura científica, sí están extendidos en la antropología, estudios sobre religión, o círculos relacionados con prácticas tradicionales, religiosas o new age. Como las cosas no son ya suficientemente complicadas, algunos practicantes incluyen las drogas llamadas empatogénicas o entactógenas (como el MDMA y similares) dentro de la farmacopea psicodélica, por sus efectos prosociales y ostensiblemente sanadores.

Cuando la mescalina y el LSD atrajeron la atención de la ciencia occidental moderna, se usó al principio el término "drogas psicotomiméticas", es decir, sustancias que replicaban el estado de condiciones como la psicosis o la esquizofrenia. El término se abandonó pronto por vago: una gran cantidad de drogas de diferentes clases tienen efectos psicotomiméticos en dosis altas o recurrentes. En 1957 el psiquiatra Humphrey Osmond, en su correspondencia con Aldous Huxley, propuso *psychedelic*, en castellano psiquedélico o psicodélico, queriendo decir "que manifiesta la mente". Aldous Huxley por su parte propuso "fanerotímico", es decir, "que visibiliza el alma", pero no llegó a cuajar.

"Psicodélico", entonces, fue el término de preferencia adoptado por la explosión contracultural de los años 60 y llegó a tener una influencia considerable en la moda, el diseño y la música como puede apreciar cualquiera que se acerque a un catálogo fotográfico de la época. Pero la criminalización, la propaganda prohibicionista y el sensacionalismo mediático causaron una brusca caída en la infamia de "psicodélico".

Carl Ruck, el clasicista que escribió la controvertida obra *El camino a Eleusis*, acuñó "enteógeno", es decir, "que hace nacer lo divino o lo sagrado en el interior". El énfasis en las cualidades introspectivas y místicas de estas sustancias fue bien recibido por aquellos que entienden este fenómeno desde una perspectiva más espiritual. Es más, alejaba a estas sustancias de la mala reputación que el término "psicodélico" había adquirido, según algunos, debido a la grandilocuencia e histrionismo de apóstoles de la contracultura como Tim Leary o Ken Kesey.

Mi propio término de preferencia, "drogas visionarias", también es problemático. Mucha gente considera estas sustancias medicinas y no "drogas" en el sentido social del término. Y también se me podría achacar que "visionario" es un término que privilegia la percepción escopocéntrica moderna (es decir, que privilegia lo visual como sentido primordial de la experiencia). No tengo más argumentos para defender este término que una preferencia basada en mi experiencia personal. Puesto que en *Luces y sombras* escribo sobre el fenómeno tal como yo lo comprendo, este es el término que he usado, aunque en conversación con otras personas uso "psicodélico".

En cuanto a las personas que toman, no me acaba de convencer el término "usuario" como si estuviéramos hablando de un servicio público o una app. "Iniciado" tiene resonancias religiosas con las que no sintonizo. Me gusta "psiconauta", acuñado por Ernst Jünger en *Acercamientos*, aunque algunos lo consideran elitista. "Buscador" o "navegante" también me parecen apropiadas.

Apéndice A: Terminología

En el contexto de algunas prácticas espirituales y *new age*, me inclino por el término "neochamán" para hablar de los guías y proveedores. La palabra "chamán" se usa con mucha liberalidad en estos entornos y hay a quien le parece imprecisa o problemática. Efectivamente, "chamán" es una palabra derivada del tungu con la que los antropólogos trataron de describir a practicantes espirituales siberianos. El término tuvo tanto éxito que se ha aplicado indiscriminadamente a cualquier practicante de medicina o espiritualidad indígena tradicional, así como a la plétora de versionadores e imitadores que han creado réplicas más o menos creativas u honestas. Ni falta que hace decir que la palabra "chamán" no existe en las lenguas indígenas americanas y allí se usa "sanador", "curandero", "médico" o cualquier equivalente. Cuando usan "chamán", es para el consumo y comprensión de los sujetos modernos y urbanos que no pertenecen a la comunidad. Si en algún lado te ofrecen una práctica con un "auténtico chamán indígena", ejercita cautela y ten presente que el sanador indígena no es equivalente al sacerdote, pastor, imán, gurú o monje de otras tradiciones. Si, más allá de la facultad de facilitar, apoyar o guiar, alguien te presenta como un sujeto especial o sagrado, echa a correr en dirección contraria.

En ocasiones he usado el término "occidental", que viene siendo cuestionado en el campo de la teoría literaria y crítica cultural en el que yo me desempeño académicamente. Por "occidental" no me refiero a una cultura uniforme, sino a un marco geopolítico y cultural que surgió de las transformaciones del renacimiento europeo y las revoluciones industriales, que creció al calor de prácticas de extracción colonial, y que ha tendido a imponer una hegemonía cultural global. Por "Norte global" me refiero a un marco geopolítico y económico que surge del orden globalizador a partir de mediados del siglo pasado.

Luces y sombras del renacimiento psicodélico

Apéndice B: Una tradición nacional

Si eres de los que se coloca con efusiones nacionalistas, ya puedes comenzar a hinchar pecho con patrióticas inhalaciones, pues hay psicoactivos más ibéricos que el jabugo. Una de las pistas más antiguas sobre su uso humano a finales del paleolítico se encuentra en las pinturas de Selva Pascuala (Cuenca) que, según los expertos, consisten en representaciones de la especie *psilocybe hispanica*. Los ajuares funerarios de las culturas neolíticas de las Cuevas del Toro (Málaga) y las Cuevas del Murciélago (Granada) contienen cápsulas de opio, sustancia que las tribus íberas de todo el Mediterráneo también empleaban con fines medicinales. Se cree asimismo que las tribus celtas usaban el cáñamo y los hongos con fines adivinatorios.

Los nuevos avances en arqueología botánica podrían aclarar el contenido de algunos vasos ceremoniales hallados en la proximidad del asentamiento griego de Empúries. Las evidencias circunstanciales sugieren que podría tratarse del *kykeon*, una bebida o papilla que se consumía en el transcurso de los misterios eleusinos, la venerable religión mistérica helena proscrita por los cristianos a principios del siglo V[62].

Ya en tiempos más cercanos, las meigas gallegas usaban los alcaloides del cornezuelo del centeno, sustancia precursora del LSD. Varias tradiciones de los *salutarya* o *saludadors* en los Países Vasco y Valenciano y en Catalunya también sugieren el uso de psicoactivos visionarios y sedantes. Los *follets* o duendes del bosque de la tradición catalana están relacionados con el uso de amanita muscaria[63], y estoy

---

62. Así lo defiende Brian Muraresku en su libro *The Immortality Key*.

63. Véase Josep M. Fericgla, *El bolet i la génesi de les cultures*; traducido al castellano por La Liebre de Marzo. La amanita muscaria es una de las pocas sustancias que trato aquí que es alucinógena en un sentido coloquial del término: que te hace ver, oír y sentir cosas que no están presentes. Por desgracia carga con una mala reputación por sus efectos eméticos y, en dosis muy elevadas, potencialmente letales. Esta bellísima seta es tan europea como el "Himno a la Alegría" de Beethoven. A ella debemos la leyenda de Santa Claus y sus renos voladores, o los temibles berserker nórdicos. Las descripciones de *Alicia en el país de las maravillas* sugieren que su autor, el Reverendo Charles Dodgson (Lewis Carroll), estaba más que familiarizado con sus efectos, y qué podríamos decir de ciertos homínidos azules con gorro frigio que tienen su morada en un setal oculto en el bosque. A nivel global, acaso

seguro de que todavía desconozco muchísimas otras tradiciones regionales de la Península.

Tampoco hace falta irse a tradiciones antiguas. Personas oriundas de Castilla-León y Asturias me han confirmado que el uso de beleño era común entre los pastores para "aliviar la soledad" y el poeta burgalés Javier Fernández de Castro le dedicó un libro a esta planta (*Tiempo de beleño*). Y las disposiciones legales contra la psilocibina en España solo empezaron después de que en los años 90 se popularizó el uso de hongos psilocibios, conocidos como "monguis" o "bonguis", entre la juventud y los trabajadores estacionales en el Pirineo aragonés.

Esto son solo algunos ejemplos para mostrar que la búsqueda del estado alterado tiene un profundo arraigo local allá donde vayas y que, cuando hay una intención seria, la autenticidad surge por sí sola. Soy bastante parcial, pero creo que se puede aprender mucho de otras tradiciones más lejanas, sin romantizar ni fetichizar, y, sobre todo, sin meterse a hacer imitaciones superficiales y ñoñas que en realidad desvirtúan y desprecian a las culturas de origen y su gente.

por su pintoresca forma, la amanita muscaria no ha dejado de asomarse en la cultura digital en el videojuego Super Mario Bros o el icono de la seta en las aplicaciones de mensajería.